教育箴言

《"四特"教育系列丛书》编委会　编著

吉林出版集团股份有限公司
全国百佳图书出版单位

图书在版编目（CIP）数据

教育箴言／《"四特"教育系列丛书》编委会编著 .
—长春：吉林出版集团股份有限公司，2012.4
（"四特"教育系列丛书／庄文中等主编 . 在故事中升
华经典）
ISBN 978-7-5463-8658-4

Ⅰ.①教… Ⅱ.①四… Ⅲ.①教育－箴言－汇编－世界
Ⅳ.① G4

中国版本图书馆 CIP 数据核字（2012）第 044096 号

教育箴言
JIAOYU ZHENYAN

出 版 人	吴 强
责任编辑	朱子玉 杨 帆
开 本	690mm×960mm 1/16
字 数	250 千字
印 张	13
版 次	2012 年 4 月第 1 版
印 次	2023 年 2 月第 3 次印刷

出 版	吉林出版集团股份有限公司
发 行	吉林音像出版社有限责任公司
地 址	长春市南关区福祉大路 5788 号
电 话	0431-81629667
印 刷	三河市燕春印务有限公司

ISBN 978-7-5463-8658-4　　　　定价：39.80 元

前　言

　　学校教育是个人一生中所受教育最重要组成部分,个人在学校里接受计划性的指导,系统地学习文化知识、社会规范、道德准则和价值观念。学校教育从某种意义上讲,决定着个人社会化的水平和性质,是个体社会化的重要基地。知识经济时代要求社会尊师重教,学校教育越来越受重视,在社会中起到举足轻重的作用。

　　"四特教育系列丛书"以"特定对象、特别对待、特殊方法、特例分析"为宗旨,立足学校教育与管理,理论结合实践,集多位教育界专家、学者以及一线校长、老师们的教育成果与经验于一体,围绕困扰学校、领导、教师、学生的教育难题,集思广益,多方借鉴,力求全面彻底解决。

　　本辑为"四特教育系列丛书"之《在故事中升华经典》。

　　这是一部写给老师的书,因为故事中蕴含着慈爱、和谐、人性的教育方式;这也是一部写给学生的书,因为故事中洒满老师们对学生的温暖、感动、爱意、执着、顽强与刚毅……

　　教育是一门科学,也是一门艺术,是塑造人心智的高超艺术。对于教育人人都有自己的看法,而这本书中的观点能给人以许多启示。本书还汇集了众多著名教育学家、知名教师的经典教育文论,共同领略著名专家学术研究风范,引领我们进入教改理论与实践前沿,分享最新研究成果,把握创新教学理念脉搏,感悟前瞻性的教学思想。

　　教育,润物无声,是一种智慧、一种境界、一种追求。教育的这种智慧,这种境界,这种追求,虽然无声无形,但却有踪迹可寻。在教育实践中,那一个个平凡却并不平淡的片段,或呈现出教师解决问题的教育智慧;或记录着教师走出困惑的教学经历;或展现出教师奉献爱心的热忱。回顾那一个又一个生动的教育实践,既是一个沉淀的过程,也是一个升华的过程。

　　本辑共20分册,具体内容如下:

　　1.《师生情难忘》

　　如果我们的人生有一段华美的乐章,那一定来自老师教给我们的7个音符!一天天,一年年,我们在校园里苗壮成长。从懵懂孩童到青春飞扬,然后进入社会大舞台搏击人生。老师谆谆教诲的深情,是我们前行的灯火,给我们温暖、力量和信念……本书选录了100篇发生在师生之间的真情故事。这些平凡而真切的故事,让我们感动,让我们沉思,让我们回忆,让我们心怀敬意和感激……

　　2.《记忆深处》

　　翻翻红叶,徐徐飘落,总不忘留给土地柔软与肥沃;涓涓泉水,潺潺流淌,总不忘带给岸边甘甜与欢歌。享受"师生"情,奉献真诚心! 让我们把握这份情,让心灵浸润在肥沃的土壤,开出绚烂的花朵;让我们紧守这份爱,让生命谱写圣洁的乐曲,唱出青春的赞歌。

在坎坷的人生道路上，是谁为我们点燃了一盏最明亮的灯；在荆棘的人生旅途中，是谁甘做引路人为我们指明前进的方向……是您，老师，把雨露洒遍大地，把幼苗辛勤哺育！无论记忆多么久远，每当想起老师，依然激情难耐；每当面对熟悉的老师，那一瞬间，那一件小事……总是激起我们对老师久蓄于心的感激……

3.《成长足迹》

这是发生在校园里的平凡而又感人至深的师生故事。因为爱，所以在教育的天空下，才会发生这么多感人的故事，这些也是对教育生命的审问、感怀和确认。这是一部写给老师的书，因为故事中蕴含着慈爱、和谐、人性的教育方式；这也是一部写给学生的书，因为故事中洒满老师们对学生的温暖、感动、爱意、执着、顽强与刚毅……

4.《悸动的心灵》

追忆往事并不是轻而易举的事情，在漫长的教育生涯中发现自己最难忘的某一个瞬间，其实也就像重新获得一种生存的意义一样美妙。这些教育故事也许并不是教育的解决之道，但却是对教育生命的审问、感怀和确认。也许我们更应该在教育中活出自己，也许我们既活在未来更活在无限的过去，在这些纷繁复杂却又素朴平凡的场景中，有最乐意的付出，有泪水和智慧，更有日日夜夜用心抒写因而温润无比的爱。

5.《春暖花开》

教育是一门科学，更是一门艺术。执著并献身于教育，不仅需要大步向前，也需要回头反思。回顾那一个又一个生动的教育实践，既是一个沉淀的过程，也是一个升华的过程。走进本书，这里全是暖暖的爱。

6.《孩子的微笑》

教育，润物无声，是一种智慧、一种境界、一种追求。教育的这种智慧，这种境界，这种追求，虽然无声无形，但却有踪迹可寻。在教育实践中，那一个个平凡却并不平淡的片段，或呈现出教师解决问题的教育智慧；或记录着教师走出困惑的教学经历；或展现出教师奉献爱心的热忱。

7.《故事里的教育智慧》

本书主要关注家庭教育、学校教育及社会教育中家长与孩子、教师与孩子、孩子与孩子之间的故事，它的特色是小故事蕴含大道理。其宗旨是：讲述真实的教育故事，研究深切的教育问题，创生新锐的教育思想，激活精彩的教育行动。其风格是：直面真实，创新为本和故事体裁。

8.《难忘的教育经典故事》

根据家长、教师和孩子的困惑，用各种形式的教育故事讲述一些很明白的道理，引导人用智慧的手段促进人的成长。这些故事或来自国外的或来自一线教学的实践，对于教育类人群均具有启发性。一个个使教师深思的小故事，一个个让学生向善的小故事，让我们教师真正领会生命教育的内涵。从现在开始关注生命的成长，关注人类的发展，关注社会的进步。

9.《中国教育名家印记》

在人类文明的进程中,数不清的教育大家,手擎着大旗,浓书着历史,描绘着蓝图,才有了今日教育的巨大进步。他们站在教育的殿堂里,发出的宏音,留下的足印,历史永远都不应该忘记,也不会忘记。

本书编者放眼中国教育进程,遴选出对教育产生重大影响的国内近百位教育名家,对其生平、教育思想、学术成果等进行介绍评说。

10.《外国教育名家小传》

在人类文明的进程中,数不清的教育大家,手擎着大旗,浓书着历史,描绘着蓝图,才有了今日教育的巨大进步。他们站在教育的殿堂里,发出的宏音,留下的足印,历史永远都不应该忘记,也不会忘记。

本书编者放眼人类教育进程,遴选出对教育产生重大影响的近百位世界教育名家,对其生平、教育思想、学术成果等进行介绍评说。

11.《随手写教育》

什么是良好的教育? 教育是诗性的事业? 性教育何去何从? 是否应该把儿童世界还给儿童? 假设陈景润晚生40年……本书汇聚了中国最佳教育随笔,对于和教育相关的各个方面问题都有所畅谈,对于教育者和被教育者来说都有所裨益。

12.《我心思教育》

本书涉及到了教育学众多的重要领域和主题,包括教育的真义、教育的价值、教育与社会、教育与生活、课程与教学、道德教育、师生关系、教师的学习与成长等等。它力图用感性的文字表达理性的思考,用诗意的语言描绘多彩的教育世界,以真挚的情感讴歌人类之爱,以满腔的热情高扬教育的理想与信念。

13.《教育新思维》

本书站在教育思想的前沿,以既解放思想又科学审慎的态度,兼用独特的视角,论述了近年的教育理论新说,涉及"教育呼唤'以人为本'"、"公民教育"、"素质教育新解读"、"教育公平与政府责任"、"创新人才培养"、"文化传承与创新"、"教育家办学"等热门话题。这些文章,不避偏,不畏难,遵循教育发展规律和中小学生身心发展规律,引领教育理念和教育实践,反思教育行为误区,无不闪烁着思想和智慧的光芒。对于渴望提升自身理论素养的教育工作者来说,这本书值得一读。

14.《名家名师谈教育》

本书使读者在学习和掌握教育理论的同时,领略到文章的理趣、情趣和文趣,既有助于深厚教师的文化底蕴,又有助于帮助广大教师确立对于教育的理想与信念;既有助于培养和激发广大实践工作者的理论兴趣,又能帮助教师生成教育的智慧和提升广大读者对于生活的热爱与柔情。

15.《世界眼光看教育》

本书荟萃了多位世界级教育思想巨擘的主要思想。从皮亚杰的发生认识论、维果茨基的文化—历史理论、布鲁纳的结构主义,加德纳的多元智能一直到诺丁斯的关怀教育思想等等,现当代世界教育思想的发展脉络清晰、准确而完整。

本书既有思想评介,又有论著摘录,无论教育研究人员还是一线教育工作者,均可非常便捷而精准地从中获得思想大师们的生动启迪,加深对当代教育发展特质的深切理解,是教育、教研、教学工作者不可多得的必备工具书。

16.《大师眼中的教育》

这不是一本以教育专家的身份、眼光、学养来谈教育的书。本书各篇文章提供了许多新史实、新观点,为我国教育史和教育理论工作者长期以来对某些历史人物评价的思维定势提供了新的清醒剂。

17.《教育箴言》

名人名言是前人留给我们的精神财富和智慧结晶。阅读它,不仅能丰富知识,陶冶情操,更能为我们的人生之路指引方向。该书着重论述三方面的内容:教育——造福人类的千秋伟业;教师——人类灵魂工程师、育人的典范;师德——塑造教师灵魂的法宝。

18.《百家教育讲坛》

这是一本兼具思想性、可读性和经典价值的教育智慧读本。书中介绍了孔子、卢梭、爱因斯坦、康德、梁启超、杜威、蔡元培、叶圣陶等几十位古今中外思想家、科学家、教育家关于教育的精彩论述,集中回答了教育的本质、教学的艺术、知识之美、教师的职业生活、儿童的成长等问题。探幽析微,居高声远,让我们直窥教育本原之堂奥。归真返璞,正本清源,你会发现,教育,原来可以如此朴素而美好。

19.《名师真经》

本书从专家心理学研究出发,以新教师到专家教师这一成长过程为线索,剖析了教师在专业化发展中出现的主要问题与阶段性特征,动态性是展现了教师成长的内在原因与实质,并有针对性地提出了促进新教师成为专家教师的系列化教学理念、观点与方法,这有助于教育研究者与实践工作者深入理解教师专业发展的规律,有利于在观念层面上树立科学的教师人才观,以制定行之有效的教师培养方法与措施。

20.《师道尊严》

本书意在激励教师以站着的方式获得成功。全书讲述了站着成长的精神、站着成长的思想、站着成长的基础、站着成长的学问和站着成长的行动。全书力求字字诉说教师成长之心声,篇篇探寻教师优秀之根本,章章开启教师幸福之道路。

由于时间、经验的关系,本书在编写等方面,必定存在不足和错误之处,衷心希望各界读者、一线教师及教育界人士批评指正。

编者

C目 录
ONTENTS

一、什么是真正的教育

中国之弱，其原因不止一端，而坐国人之暗，人才之乏最为重……教育强国之本。

——严复《学衡》

一个国家的主要希望，在于它对青年的适当教育……若有了这样的制度，就不需要很多法律或惩罚，因为人民将自愿地遵循正义的道路。

——伊拉斯谟《一个基督教王子的教育》

每一个要求治国有方的国家应该把主要注意力放在培育性格方面。因此，治理得最好的国家必然具有最优良的国家教育制度。

——欧文《新社会观》，《欧文选集》

教育事业应该是公共的而不是私人的。不要像现在这样，每人只分别地照顾自己的儿童，给予自己认为最适合他们的教育……教育应有法律规定，并且是国家的事务……

——亚里士多德《政治学》，《古希腊教育论著选》

我们责成我国当政者……注意一件大家常说的所谓大事就行了……因为，如果人们受了良好的教育就能成为事理通达的人，那么他们就很容易明白，处理所有这些事情还有我此刻没有谈及的别的一些事情，都应当本着一个原则，即俗话所说的，"朋友之间不分彼此"。

——柏拉图《理想国》

教，政之本也；狱，政之末也。

——董仲舒《春秋繁露·精华》

玉不琢，不成器；人不学，不知道。是故，古之王者，建国君民，教学为先。

——《礼记·学记》

作为当今社会的人，如果不会读名片，不会写信，则不能适应职业上的需要，从而缺乏衣食生活上的能力。这既是当事者本人的不幸，也是一个国

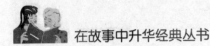

家的不幸，以致于给公共利益造成损害。因此，为了整个社会的安宁，多少给国民一些教育是必要的。

　　　　　　　　　　——福泽谕吉《福泽谕吉教育论著选》

　　今之策国是者，莫不重教育；策教育，莫不谋普及。夫教育曷贵于普及？岂不日教育普及，则社会国家一切至重要、至困难问题，根本上皆得缘以解决也。

　　　　　　　——黄炎培《中华职业教育社宣言书》，《黄炎培教育文选》

　　为了人民教育，立教育之法，耗巨资而不误其处置，就可以使整个国家得到繁荣昌盛，这是毋庸置疑的。

　　　　　　　　　　——福泽谕吉《福泽谕吉教育论著选》

　　有人认为教既无益，不教亦无损，教育完全是徒劳的。这也是大错特错的。可以说，世上没有比教育人更重要的事了。这是因为教育就像植树者的工作一样，如果置之不理任其自然，庭院里的松树也会横生枝杈，园中的牡丹也会尽失富贵之相，有时它们亦难免因虫害而枯萎凋零。只有经过植树者矫枝培根，四季勤劳，才能使其生机盎然，枝繁叶茂，色香宜人。

　　　　　　　　　　——福泽谕吉《福泽谕吉教育论著选》

　　除了教育外，任何东西都不能促进一个国家的繁荣、强大和幸福。

　　　　　　　　　　　——杰斐逊《反对愚昧无知运动》

　　社会生活的变化对于教育只有形式上和表面上的影响，那是难以想象的。根本的情况已经改变了，在教育方面也只有相应的改变才行。

　　　　　　——杜威《学校与社会》，《学校与社会·明日之学校》

　　在教育事业中，激起社会舆论是改善这方面工作的惟一牢固的基础。哪里不存在关于教育的社会舆论，哪里就不存在公共教育，尽管可能存在大量的公共学校。

　　　　——乌申斯基《论公共教育的民族性》，《乌申斯基教育文选》

　　尝考泰西之所以富强，不在炮械军乐，而在穷理劝学。夫才智之民多则国强，才智之士少则国弱。

　　　　　　　　　——康有为《上清帝第二书》，《康有为政论集》

　　世界之运，由乱而近乎平；胜败之原，由力而趋于智。故言自强于今日，以开民智为第一义。

　　　　　　　　　　　　——梁启超《学校总论》

　　古人说："民为邦本。"一个共和国的基础稳固不稳固，全看国民有知识没有。国民如果受到相当的教育，能够和衷共济，努力为国家负责，国基一定稳固。

　　　　　——晏阳初《中华平民教育促进会宣言》，《晏阳初教育论著选》
　　夫材之用，国之栋梁也。得之则安以荣，失之则亡以辱。

　　　　　　　　　——王安石《临川先生文集》
　　教育是个大炉，治与其洁，而不保其往者，无不可施。

　　　　　　　　　——王夫之《读四书大全说》
　　夫养人才，犹种树也。筑室可不月而就，种树非数年不荫。今变法百事
可急就，而兴学养才，不可以一日致也……

　　　　　　　——康有为《请开学校折》，《康有为政论集》
　　善政不如善教之得民也。善政民畏之，善教民爱之；善政得民财，善教
得民心。

　　　　　　　　　　——孟轲《孟子·尽心上》
　　吾人在社会组织未经改良之前，惟有努力于教育机会的平等，使人人所
蕴蓄的无限能力，都有发展的机会。那么，人格不平等的原因，就可以消
除了。

　　　　　　——晏阳初《平民教育概论》，《晏阳初教育论著选》
　　教育的主要目的，在最广泛的意义上就是"塑造人"，或者更确切地说，
帮助儿童成为充分成型的和完全无缺的人。必须看到，广义的教育在我们每
一个人的全部生活过程中是不断进行的。

　　　　——马里坦《新托马斯主义的教育观》，《西方现代教育论著选》
　　要做一个"现代人"，一方面要不忘本，换句话说，就是不要忘记我们是
中国人；一方面要应用欧美的科学，要有驾驭自然的本领，一扫从前那种靠
天吃饭，信赖命运的行为，换上一副创造新天地的气魄，这才能有办法。

　　　　——晏阳初《"误教"与"无教"》，《晏阳初教育论著选》
　　教育对于人的各个方面施加影响，包括对其民族特点和个人特点——肉
体、心灵和智慧施加影响，而且首先把人的性格作为对象，而性格正是民族
得以存在的土壤。

　　　　——乌申斯基《论公共教育的民族性》，《乌申斯基教育文选》
　　教育必须认识，它本身是干什么的……教育是形成未来的一个主要因素，
在目前尤其如此。因为归根到底，教育必须培养人类去适应变化，这是我们
时代的显著特征。

　　　　　　　　　　　——富尔《学会生存》

3

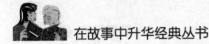

在公共需要不受损害的范围内，所有公民应该除了从事体力劳动，还有尽可能充裕的时间用于精神上的自由及开拓，他们认为这才是人生的快乐。

——莫尔《乌托邦》

现在我们知道，用嫁接技术就可以把一株新树插到野生树干上，使之结出最好的果实来。教育也一样，可以将新人"嫁接"到土生土长的血统中去，改变其本性中的恶质，使之成为有道德、有社会价值的人。

——潘凯克《革命的哲学家：托·杰斐逊著作选》

我认为，完善的、高贵的教育，就是培养人在平时和战时能公正地、熟练地、高尚地履行其公私职责的那种教育。

——弥尔顿《论教育》

一切的社会改造运动，如政治的、经济的，都不及教育的有根据、能永久。因为教育的改造，是改造人的思想的，人的思想是足以支配政治及经济的。

——杨贤江《思想的革命》，《学生杂志》

人的能力中，天赋遗传的因素是有限度的，绝不能超过其限度……人，学则智，不学则愚，人的智慧取决于教育。

——福泽谕吉《福泽谕吉教育论集》

要是我证明了人果然是他的教育的产物，那就毫无疑问是向各国昭示了一项伟大的真理。它们将会知道，自己手里掌握着强大和幸福的工具，要使自己幸福和强大，问题只在于改善教育的科学。

——爱尔维修《论人的理智能力和教育》，《十八世纪法国哲学》

假如要形成一个人，就必须由教育去形成，只有受过恰当教育之后，人才能成为一个人。

——夸美纽斯《天教学论》

有田亩便当尽力开垦，有子孙便当尽力教诲。田畴不垦，宁免饥寒；子孙不教，能无败亡？

——张履祥《赁耕末议》

我们日常所见的人中，他们之所以或好或坏，或有用或无用，十分之九都是他们的教育所决定的。人类之所以千差万别，便是由于教育之故。我们幼小时所得的印象，哪怕极微极小，小到几乎觉察不出，都有极重大极长久的影响。

——洛克《教育漫话》

为人在世，可贵者在于发展，在于发展各人天赋的内在力量，使其经过锻炼，使人能尽其才，能在社会上达到他应有的地位。这就是教育的最终目的。

——裴斯泰洛齐《林哈德和葛笃德》，《西方近代教育论著选》

在这种社会划分和与此相适应的制度下，每个人所受的训练和教育将使他们能够用最好的方式尽量发展本人的全部才能和力量；这种发展将在外部条件新的结合下实现，这种外部条件是专门为了使人性中的完善优美的品质不断表现出来而创造的。这样，所有的人都将在体、智、德、行方面受到良好的教育。

——欧文《〈新道德世界书〉摘译》，《欧文选集》

一切教育努力的根本目的应该是帮助男女儿童尽其可能达到最高度的个人发展。

——沛西·能《教育原理》

夫儒生之所以过文吏者，学问日多，简练其性，雕琢其材也。故夫学者所以反情治性，尽材成德也。

——王充《论衡·量知》

人如果不通过哲学的理性教育和对语言的学习，将是一种比牲畜还要低下的动物，这是毫无疑问的。我们可以看到，没有一种野兽比一个被他的野心或欲望、愤怒或嫉妒、或者没有法律的约束而驱使其忽此忽彼的人更野蛮、更有害。

——伊拉斯谟《一个基督教王子的教育》

当然，一般发展是学习和教育的一个极其重要的因素，但起着同样重要作用的还有那些基本知识。如果不识记和牢固地保持这些基本知识，那就不可能有一般发展，因为所谓一般发展，就是要不断地去掌握知识，而要做到这一点，则必须学会学习。

——苏霍姆林斯基《给教师的建议》

一切构造得同样完善的人，都拥有获得最高观念的体力。我们在人与人之间所见到的精神上的差异是由于他们所处的不同的环境、由于他们所受的不同的教育所致。这个结论说明了教育的全部重要性。

——爱尔维修《论人的理智能力和教育》，《十八世纪法国哲学》

习于善而已矣，所谓上智者；习于恶而已矣，所谓下愚者；一习于善，一习于恶，所谓中人者……是果性善而不善者，习也。

——王安石《王文公文集》

论人之性，定有善有恶。其善者，固自善矣；其恶者，故可教告率勉，使之为善。……人之性，善可变为恶，恶可变为善，犹此类也。

——王充《论衡·率性》

愚蠢的人需要受教导，好使他们摆脱本性中的愚蠢，这是无人怀疑的。其实聪明人更需要受教育，因为一个活泼的心理如果不去从事有用的事情，它便会去从事无用的、稀奇的、有害的事情……

——夸美纽斯《大教学论》

越是禀赋好的人越需要受教育。禀赋最优良的、精力最旺盛的、最可能有所成就的人，如果经过教育而学会了他们应当怎样做人的话，就能成为最优良、最有用的人，因为他们能够做出极多、极大的业绩来。但如果没有受过教育而不学无术的话，那他们就会成为最不好、最有害的人，因为由于不知道应该选择做什么，就往往会插手一些罪恶的事情，而且由于狂傲激烈、禀性倔强、难受约束，就会做出很多很大的坏事来。

——转引自色诺芬《回忆苏格拉底》

你会看出，在所有的事上，凡受到尊敬和赞扬的人都是那些知识最广博的人，而那些受人谴责和轻视的人都是那些最无知的人。

——转引自色诺芬《回忆苏格拉底》

只有愚人才会自以为不用学习就能够分辨什么是有益的和什么是有害的事情。也只有愚人才会认为，尽管不能分辨好歹，单凭财富就可以取得所想望的并能做出对自己有利的事情。只有呆子才会认为，尽管自己一无所知，但由于有财富就会被认为是个有才德的人，或者尽管没有才德，却会受到人们的尊敬。

——转引自色诺芬《回忆苏格拉底》

学习比无知更能给人类带来幸福。那么什么是无知呢？先生们，我认为无知就是瞎子和聋子。

——弥尔顿《论维护学习》，《中世纪教育文选》

我欲贱而贵，愚而智，贫而富，可乎？曰：其唯学乎！

——荀况《荀子·儒效》

在教育中必须注意人在其中诞生或将来生活所在的地点和时间的条件。一句话，要注意其广泛和包罗万象的意义上说的全部现代文化，特别是学生祖国的文化。

——第斯多惠《第斯多惠教育论著选》

怎样生活？这是我们的主要问题……这个既是我们需要学的大事，当然也就是教育中应当教的大事。为我们的完满生活作准备是教育应尽的职责；而评判一门教学科目的惟一合理办法就是看它对这个职责尽到什么程度。

——斯宾塞《教育论》

教育是年长的一代对尚未为社会生活做好准备的一代所施加的影响。教育的目的就是在儿童身上唤起和培养一定数量的身心、知识和道德状态，以便适应整个政治社会的要求，以及他将来注定所处的特定环境的要求。

——涂尔干《道德教育》

以终身教育为指向的现代教育应围绕四种基本学习加以安排。可以说，这四种学习将是每个人一生中的知识支柱：学会认知，即获取理解的手段；学会做事，以便能够对自己所处的环境产生影响；学会共同生活，以便与他人一道参加人的所有活动并在这些活动中进行合作；最后是学会生存，这是前三种学习成果的主要表现形式。当然，这四种获取知识的途径是一个整体，因为它们之间有许多连接、交叉和交流点。

——德洛尔等《教育——财富蕴藏其中》

教育，不能停止在儿童期和青年期，只要人活着，就应该是继续的。教育必须以这样的做法，来适应个人和社会的连续性的要求。

——朗格朗《终身教育引论》

人原则上是并且始终是需要教育的，因为人在整个一生中始终在向更新的阶段发展，而在这些阶段中又始终在产生新的学习任务。人的整个一生都需要不断地受教育……

——博尔诺夫《教育人类学》

终身教育是一系列很具体的思想、实验和成就。换言之，是完全意义上的教育，它包括了教育的各个方面、各项内容，从一个人出生的那一刻起一直到生命终结时为止的不间断的发展，包括了教育各发展阶段各个关头之间的有机联系。

——朗格朗《终身教育引论》

教育过程，即对培养和教育儿童有深远意义的过程，并不都是在学校中进行的，在学校中进行的仅仅是一小部分，尽管这是非常重要的一部分。所以，我们应当善于区分教育的一些基本因素，即自然、经济、风俗习惯、社会组织。我们的任务就是研究它们，使这些因素对儿童越来越有利……我们的职责是要看到自己在改变这些因素中的使命，为此，必须把这些因素看作

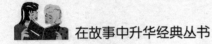

是教育的因素。

——沙茨基:《研究生活和参与生活》,《沙茨基教育论著选》

应该综合地考虑教育……不仅包括学校和学院,也包括图书馆、博物馆、日托中心、广播和电视台、公司、工厂和农场。

——克雷明《公共教育》

对年轻人来说,普通教育的目的是培养他们不断进行自我教育所必需的习惯、观念和技能。因此,正规的制度化的普通教育是为年轻人终身的自我教育作准备的。

——赫钦斯《教育中的冲突》

只有愿意付出代价的人才能适应这种情况,而这个代价就是教育——这种教育永不停止;这种教育从智力,也从情感和想象各个方面调动生命的每种能力和手段。

——朗格朗《终身教育引论》

教育就是广泛的文化适应过程。通过这一过程,前代人使后辈能按变化着的信念、习惯、实践及生活方式的其他特点去思想、行动。

——布拉梅尔德《教育的文化基础——跨学科研究》

中国之衰乱由于教之未善。亡而存之,废而举之,愚而智之,弱而强之,条理万端,皆归本于学校。

——梁启超《学校总论》

人皆知外洋各国之强由于兵,而不知外洋之强由于学。夫立国由于人才,人才出乎立学,此古今中外不易之理。

——张之洞《张文襄公奏稿》

人言教职为闲署,而不知人才为政事之本,而学校尤为人才之本也。

——颜元:《习斋年谱》

有国者诚痛洗数代之陋,用奋帝王之猷,俾家有塾、党有痒、州有序、国有学;浮文是戒,实行是崇,使天下群知所向,则人才辈出,而大法行,而天下平矣。

——颜元《存治编·学校》

请您想想!时代在进步,五十年来,一切都变动了,学校还是依然故我。这哪能培养出现代的人才,哪能适合时代的需要?!

——裴斯泰洛齐《林哈德和葛笃德》,《西方近代教育论著选》

就系统教学和学习而言,学校仍是社会的一个卓越机构,具有高尚和普遍的价值。不过，学校正依据一种剧烈变化的教育生态学观点工作，必须使教学适应那已变化的生态学模式。

——克雷明《走向一种教育生态学》

如果一个教育者对时代的合理要求不闻不问，那么，他自己就会使他的学校丧失生命力，自愿放弃他应有的对生活的正当影响，而不能完成自己的责任：他不会使新生一代对生活做好准备。

——乌申斯基《人是教育的对象》

学之大小，固有不同，然其为道，则一而已。是以方其幼也，不习之于小学，则无以收其放心，养其德性，而为大学之基本。及其长也，不进之于大学，则无察夫义理，措之事业，而收小学之成功。

——朱熹《小学集解·小学辑说》

致天下之治者在人材，成天下之材者在教化。职教化者在师儒；弘教化而致之民者在郡邑之任；而教化之所本者在学校。

——胡瑗《松滋儒学记》，《古今图书集成》

所谓健全的人格，内分四育，即（1）体育，（2）智育，（3）德育，（4）美育。这四育是一样重要，不可放松一项的。

——蔡元培《普通教育和职业教育》，《蔡元培教育论集》

是以讲教育者，其事常分三宗：曰体育，曰智育，曰德育。三者并重……不佞以为智育重于体育，而德育尤重于智育。

——严复《原强》

天下不可一日而无政教，故学不可一日而亡于天下。古者井天下之田，而党庠、遂序、国学之法，立乎其中。乡射饮酒，春秋合乐，养老劳农，尊贤使能，考艺选言之政……无不出于学。

——王安石《慈溪县学记》，《王文公文集》

教育是年长的几代人对社会生活方面尚未成熟的几代人所施加的影响。其目的在于，使儿童的身体、智力和道德状况都得到某种激励与发展，以适应整个政治社会在总体上对儿童的要求，并适应儿童将来所处的特定环境的要求。教育在于使年轻一代系统地社会化。

——涂尔干《教育及其性质与作用》，《国外教育社会学基本文选》

孔子曰：道之以政，齐之以刑，则民免而无耻。不如以德礼为先，而辅以政刑也。夫欲用德礼，未有不由学校师弟子者。

——韩愈《韩昌黎文集·潮州请置乡校牒》

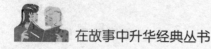

教育两件事：一件是体育，是为身体的；另一件是音乐，是求心灵美善的。

——柏拉图《法律篇》，《西方古代教育论著选》

这个教育究竟是什么呢？似乎确实很难找到比我们早已发现的那种教育更好的了。这种教育就是用体操来训练身体，用音乐来陶冶心灵。

——柏拉图《理想国》

我们所要求的是使儿童带着整个的身体和整个的心智来到学校，又带着更圆满发展的心智和甚至更健康的身体离开学校。

——杜威《学校与社会》，《学校与社会·明日之学校》

培养全面发展的、和谐的个性的过程就在于：教育者在关心人的每一个方面、特征的完善的同时，任何时候也不要忽略人的各个方面和特征的和谐，都是由某种主导的、首要的东西所决定的。在这个和谐里起决定作用的、主导的成分是道德。

——苏霍姆林斯基《给教师的建议》

要造就和谐发展的人，也就是说，一方面要发展（和满足）他们的需要；另一方面要发展他们的能力。同时要使这些需要和能力不致相互妨碍，而成为一个完整的机体，如同在制造机器时，我们关心使机器的各个零件不相互妨碍，能够发挥最大的效能一样。

——卢那察尔斯基《卢那察尔斯基论国民教育》

只有儿童集体的丰富多彩、生气勃勃的生活，才是使每一个学生的才能开花结果的条件。如果认为只要对学生进行个别工作就能使他得到多方面的发展，那是一种很大的误解。

——赞科夫《和教师的谈话》

教育是成年一代对社会生活方面尚未成熟的年轻一代所施加的影响。其目的在于，使儿童的身体、智力和道德状况都得到激励与发展，以适应整个政治社会在总体上对儿童的要求，并适应儿童将来所处的特定环境的要求。

——涂尔干《教育与社会学》

教育就是要均衡地和有目的地发展人的一切能力，从而把全人类引向它的目标。

——康德《康德论教育》

请看一看我的爱弥儿：他现在已经年过二十，长得体态匀称，身心两健，肌肉结实，手脚灵巧；他富于感情，富于理智，心地是十分的仁慈和善良；

他有很好的品德，有很好的审美能力，既爱美又乐于为善；他摆脱了种种酷烈的欲念的支配和偏见的束缚，他一切都服从于理智的法则，他一切都倾听友谊的声音；他具有许多有用的本领，而且还通晓几种艺术；他把金钱不看在眼里，他谋生的手段就是他的一双手，不管他到什么地方去，都不愁没有面包。

——卢梭《爱弥儿》

雄辩家应是伟大而不过分，崇高而不暴烈，勇敢而不鲁莽，稳重而不沮丧，有力而不懒散，生气勃勃而不放荡，外貌悦人而不放肆，庄重而不装腔作势的人。

——昆体良《昆体良论教育》

在学习社会中，每个人要学习的不只是谋生能力，更重要的是成为一个完整的、充满活力的人。

——赫钦斯《永恒与变化》

所谓一般发展，就是不仅发展学生的智力，还发展情感、意志品质、性格和集体主义思想。

——赞科夫《和教师的谈话》

最基本和最重要的原则，就是教育在它各个自然阶段中的统一性和连续性。因为，如果任何学校的分段并不能使教育形成自然的分段，那么势必破坏教育的次序，造成教学和教育思想的分歧，甚至会导致教师在教学上的任意性，使他们无所适从和不知所措。

——洪堡《立陶宛的学校计划》，《教育学文集·联邦德国教育改革》

教育，目的不在获利与获物，也不在外表的炫耀和装饰，而在于修饰和丰富它的内心，希望塑造和教育出一个有才能的、有本事的人，而不是一个空虚的学者。

——蒙田《论儿童的教育》，《中世纪教育文选》

学所以开人之蔽而致其知，学而不知其方，则反以滋其蔽。

——陆九渊《送杨通老》，《陆九渊集》

学校教育的宗旨应该是开发多种智能，并能帮助学生发现适合其智能特点的职业和业余爱好。我相信得到这种帮助的人在事业上将会更投入、更具有竞争力，因此将会以一种更具建设性的方式服务于社会。

——加德纳《多元智能》

教育首先具有把儿童与社会连结起来的功能。学校只是道德上的代理人，通过它，儿童能够系统地学会知识和热爱他的祖国。正是这一事实，为今日学校在国民道德的塑造中扮演的角色赋予了突出的地位。

——涂尔干《道德教育》

教育的目的不是考试，不是分数，不是名次。更不用说不是要你作弊，患近视眼、肺病、神经衰弱；也不是要你发迹，打个人小算盘，谋一枚勋章。教育的理想需要根本的转变。

——小原国芳《小原国芳教育论著选》

先生教死书，死教书，教书死。学生是读死书，死读书，读书死。

——陶行知《生活即教育》，《陶行知教育文选》

只有当学校本身是一个小规模的合作化社会的时候，教育才使儿童为将来的社会生活作准备。其中首要因素就是应该把学校本身建设成社会生活的方式。

——杜威《大学初等学校的组织计划》

学校如能使儿童为现代生活作准备，那么，它可以达到普通教育目的；学校如能在实践上使儿童接触一般生活，尤其是社会生活，那么，学校的这种准备即能成功。

——德可乐利《比利时德可乐利的新教育法》

生活就是发展，而不断发展，不断生长，就是生活。用教育术语来说，就是：（1）教育过程在它的自身以外无目的；它就是它自己的目的。（2）教育过程是一个不断改组、不断改造和不断转化的过程。

——杜威《民主主义与教育》，《杜威教育论著选》

人是为生活而学习，并非为学校而学习。

——爱伦·凯《儿童的世纪》

我们的学习不是为了学校，而是为了生活！不是为了富丽堂皇，而是为了实用！

——赫尔巴特《普通教育学》，《普通教育学·教育学讲授纲要》

教师在学校中并不是要给儿童强加某种概念，或使他们形成某种习惯，而是作为集体的一个成员来选择对于儿童起作用的影响，并帮助儿童对这些影响作出适当的反应。教师的职务仅仅是依据较多的经验和较成熟的学识来决定怎样使儿童得到生活的训练。

——杜威《我的教育信条》，《杜威教育论著选》

从广义方面想一想，就觉得教育和人的生活有极大的关系了。没有教育即不能生活，所以我们可以说：教育即生活。这种广义的教育，无论什么人，一天总不能离的，绝对不可离的。

——杜威《教育哲学》

生活与生活摩擦才能起教育作用。如果过的是少爷生活，虽天天读劳动的书，不算是受着劳动教育；过迷信的生活，虽天天听科学的讲演，不算是受科学教育；过的是开倒车的生活，虽天天谈革命的行动，不算是受着革命的教育。我们要想受什么教育，便需过什么生活。

——陶行知《普及现代生活教育之路》，《陶行知教育文选》

从定义上说：生活教育是给生活以教育，用生活来教育，为生活向前向上的需要而教育。从生活与教育的关系上说：是生活决定教育。从效力上说：教育要通过生活才能发出力量而成为真正的教育。教学合一是生活法，亦即教育法。"行是知之始，知是行之成"是教人从源头上去追求真理。

——陶行知《谈生活教育》，《陶行知教育文选》

最大浪费是由于儿童在学校中不能完全、自由地运用他在校外所获得的经验；同时，另一方面，他又不能把学校里所学的东西应用于日常生活。这就是学校的那种隔离现象，就是学校跟生活隔离开来。

——杜威《学校与社会》，《杜威教育论著选》

虽然学校必须是一个集体，但它必须是一个特殊性质的集体。它还必须是一个自然的集体，意思是在校内外生活条件之间，不应有突然的割裂。在学校里，公民的精力不应受到抑制或窒息，无论教师或学生，都应该有完美地和活跃地生活的余地。虽然学校应该真实地反映外部世界，但它仅仅应该反映这个世界中最优秀和最重要的东西。

——沛西·能《教育原理》

应当通过建立统一的、有力的和有影响的集体来组织正确的苏维埃教育。学校应当是一个统一的集体，在这里组织全部的教育过程。这个集体的每一个成员也应当感觉到自己对集体的依靠，应当忠于集体的利益，应当维护这种利益，并且首先要重视这种利益。

——马卡连柯《普通学校的苏维埃教育问题》，《马卡连柯教育文集》

只有建立了统一的学校集体，才能在儿童的意识中唤起舆论的强大力量。这种舆论的力量，是支配儿童行为并使它纪律化的一种教育因素。

——马卡连柯《苏维埃学校里的教育问题》，《论共产主义教育》

学校集体就是苏维埃儿童社会的细胞，它首先应当成为教育工作的对象。在教育个人的时候，我们应当想到整个集体教育。在实践中，这两个任务只有同时用一个共同的方法来解决才行。每当我们给个人一种影响的时候，而这种影响必定同时应当是给集体的一种影响。相反地，每当我们涉及集体的时候，同时也应当成为对于组成集体的每一个个人的教育。

——马卡连柯《论共产主义教育》

任何东西，也不能像传统那样地巩固集体。培养传统、保持传统是教育工作中极其重要的任务。一所学校如果没有传统，当然就不会是好学校。

——马卡连柯《普通学校的苏维埃教育问题》，《马卡连柯教育文集》

在工作组织得很合理的学校里，不可能因为偷懒而受到惩罚，因为孩子们在课堂内就把功课学会了；也不可能因为淘气而受到惩罚，因为孩子们很忙碌，根本没有时间去淘气。

——乌申斯基《论课堂纪律》，《乌申斯基教育文选》

一所学校应该成为一个理想的家庭。在每一个教室里，配备一位受过教育的、有文化的、得到一定训练的、热爱儿童的教师，一位富于科学教育知识并积极热情地应用其原则的教师。

——帕克《关于教育学的谈话》

二、寻觅儿童教育的秘诀

儿童发展的时期是一生最重要的时期。所以，儿童教育是人类最重要的一个问题。必须注意为儿童期设置一个适当的世界和一个适当的环境，这是一个绝对迫切的需要。我们这样做，将为人类完成一项巨大的工作。

——蒙台梭利《儿童教育》，《西方现代教育论著选》

儿童具有一种依靠自己而能够吸收的心理，这一发现给教育界带来一场革命。我们现在能够轻而易举地理解为什么人的发展的第一时期，性格形成时期，是最为重要的。正是在这个时期，儿童最需要一种明智的帮助，影响其创造活动的任何障碍都将影响其充分的发展。我们应该帮助儿童。由此，我们不再把儿童视为一种弱小的生物，而是赋予儿童一种巨大的创造能力，然而这种能力非常脆弱，需要爱和正确的保护。

——蒙台梭利《有吸收力的心理》，《蒙台梭利幼儿教育科学方法》

幼稚期（自出生至七岁）是人生最重要的一个时期。什么习惯、言语、技能、思想、态度、情绪都要在此时期打下一个基础，若基础打得不稳固，那健全的人格就不容易建造了。

——陈鹤琴《家庭教育》，《陈鹤琴教育文集》

如果教育就是各种自然倾向和能力的正常生长，那么注意在生长过程中每天所进行的特殊形式，是保证成年生活的种种成就的惟一方法。人的成长是各种能力逐渐生长的结果。儿童时期的真正意义是生长和发展的时期。

——杜威《明日之学校》，《学校与社会·明日之学校》

谁不知道一个人的童年是他一生中最幸福的时光，同时又是极为受人宠爱的时候？我们亲吻、拥抱和抚爱儿童……除了聪明的大自然有目的地赋予他、帮助他在这个世界上更为欢快地度过艰难的教育历程，帮助他度过保姆对他喜爱地细心照看的日子，以及他的混沌无知外，还有什么呢？

——伊拉斯谟《愚人颂》，《中世纪教育文选》

假如儿童在（幼儿——编者注）这一年龄阶段遭到损害，假如存在于他身上的他的未来生命之树的胚芽遭到损害，那么，他必须付出最大的艰辛和最大的努力才能成长为强健的人。

——福禄培尔《人的教育》

从某种好的意义上说，人是创造未来的生命体。

——博尔诺夫《教育人类学》

儿童是国家的基础，将来建国必须依靠他们。儿童的身心都未成熟，所以儿童教育要多用培育方式。

——晏阳初《中国农村教育问题》，《晏阳初教育论著选》

顽劣，钝滞，都足以使人没落，灭亡。童年的情形，便是将来的命运。我们的新人物，讲恋爱，讲小家庭，讲自立，讲享乐，但很少有人为儿女提出家庭教育的问题，学校教育的问题，社会改革的问题。

——鲁迅《上海的儿童》，《鲁迅的教育思想和实践》

任何教育改革必须依据人的天性。人本身必须成为教育的中心。我们应切记人不是在大学才得到发展，而是自出生起其心理发展即已开始，而且在生命的最初三年中其发展最为迅速。在这一时期积极地关心儿童的发展比任何其他时期更为必要。

——蒙台梭利《有吸收力的心理》，《蒙台梭利幼儿教育科学方法》

人的教育在他出生的时候就开始了，在能够说话和听别人说话以前，他已经就受到教育了。经验是先于教育的，在他认识他的乳母的时候，他已经获得了很多的经验了。

——卢梭《爱弥儿》

我相信——一切教育都是迪过个人参与人类的社会意识而进行的。这个过程几乎是在出生时就在无意中开始了。它不断地发展个人的能力，熏染他的意识，形成他的习惯，锻炼他的思想，并激发他的感情和情绪。由于这种不知不觉的教育，个人便渐渐分享人类曾经积累下来的智慧和道德的财富。他就成为一个固有文化资本的继承者。

——杜威《教育的信条》，《杜威教育论著选》

我们的错误往往会落在儿童的身上，并给他们带来不可磨灭的痕迹。我们终将会死去，但儿童却要承受因我们的错误而造成的后果。对儿童的任何影响都会影响到人类的发展，因为一个人的个性特征就是在他童年心灵的敏感和秘密时期形成的。

——蒙台梭利《童年的秘密》

一个人自幼受的训练，与一般人所受的训练如有不同，那么后来所形成的差别便会更大，甚至可说是完全两样。

——亚里士多德《尼各马科伦理学》，《西方伦理学名著选辑》

一切都取决于能把下一代人造就成什么样。教育决定着未来人类的生存，教育的衰落意味着人类的衰落。塑造儿童就是塑造着未来。

——雅斯贝尔斯《现时代的人》

一个人从小所受的教育把他往哪里引导，就能决定他后来往哪里走。

——柏拉图《理想国》

先入为主，早年接受的见解总是根深蒂固不容易更改。因此我们要特别注意，为了培养美德，儿童们最初听到的应该是最优美高尚的故事。

——柏拉图《理想国》

凡事开头最重要，特别是生物。在幼小柔嫩的阶段，最容易接受陶冶，你要把它塑造成什么型式，就能塑造成什么型式。

——柏拉图《理想国》

人生小幼，精神专利，长成已后，思虑散逸，固需早教，勿失机也。幼而学者，如日出之光。老而学者，如秉烛夜行，犹贤乎瞑目而无见者也。

——颜之推《颜氏家训·勉学》

古者小学，教人以洒扫、应对、进退之节，爱亲、敬长、隆师、亲友之道，皆所以为修身、齐家、治国、平天下之本。而必使其讲而习之于幼稚之时，欲其习与知长，化与心成，而无扞格不胜之患也。

——朱熹《小学书题》

如果从我们的童年起我们就不虚度一日，每日学习，每日用功；如果我们聪明地把文学艺术中那些不相干的、多余的和无用的东西划掉，我们将自信地说，在我们到亚历山大的年龄之前，我们就会成为比世界上的统治者更伟大、更光荣的主人了。我们就不会像现在这样抱怨生命的短促和文学艺术的发展缓慢了。

——弥尔顿《论维护学习》，《中世纪教育文选》

每一个人的心灵有它自己的方式，必须按它的方式去指导他；必须通过它这种形式而不能通过其他的形式去教育，才能使你对他花费的苦心取得成效。如果你在不知道应该如何着手以前就开始行动，那么你就必然会盲目从事，容易做错，不得不重新来做。所以，你急于达到目的，结果反而不如慎重前进得快。

——卢梭《爱弥儿》

对于如花含苞，如草初萌的小孩子，我们应当用很好的教育方法去教育他们，使他们对于体德智三育都从小好好儿学起，那么老大的中国，未尝不可以一变而为少年的国家。

——陈鹤琴《家庭教育》

必须使他们均衡发展，不能有偏向。否则，某部分早熟，结果是不会好的。

——陈鹤琴《关于类似白痴、天才儿童》，《新儿童教育》

要深入了解儿童，知道他们的喜怒哀乐……要了解儿童并理解儿童。只有理解了儿童，才能给他们以真正的慈母般的关怀，使他们成为幸福的人。

——克鲁普斯卡雅《对学前教材的几点意见》，《克鲁普斯卡雅教育文选》

要全面地研究儿童，以便学会正确地对待他们。我们之所以必须全面研究儿童，因为他们是我们要进行加工的原材料，如果我们对之不了解，那我们就不可能正确地对待我们的工作。

——克鲁普斯卡雅：《第十七次党代表会议和学前教育的任务》，《克鲁普斯卡雅教育文选》

我们不要忘记儿童的兴趣，它绝不同于成人的兴趣。我们如果想利用儿童的兴趣，就必须认识儿童。要引起儿童的兴趣，首先必须了解儿童现在的精神状态，认识儿童心理的内容；其次必须准备必要的材料。

——德可乐利《比利时德可乐利的新教育法》

希望尊重孩子的力量。孩子能够做的事情，让他们自己尽量去做。对孩子总是手把手教、指手画脚，把嚼碎的饭送到嘴边喂食，长此下去，他们自己主动独立地学习是不可能的。要相信儿童有惊人的力量，要尊重他们。

——小原国芳《小原国芳教育论著选》

我已经观察了很长时间，在孩子们粗笨、怕羞以及显然的无能的背后，蕴藏着最优秀的才能，最珍贵的能力……启发他们的天赋的智慧，形成他们的判断，激发他们的才能。

——裴斯泰洛齐《与友人谈斯坦兹经验的信》，《西方资产阶级教育论著选》

儿童是哲学家。他们是真理的热爱者，疑问丛生，一个接一个，就像连珠炮。其中有异常宝贵的东西在闪耀，有无数神秘的萌芽。然而这些却被麻痹的、平庸的、愚蠢的大人即教师所践踏、压抑。

——小原国芳《小原国芳教育论著选》

凡动物较高等的，对于幼雏，除了养育保护以外，往往还教他们生存上必需的本领。人类更高几等，便也有愿意子孙更进一层的天性。只要思想未遭锢蔽的人，谁都喜欢子女比自己更强，更健康，更聪明高尚，更幸福；就是超越了自己，超越了过去。

——鲁迅《我们现在怎样做父亲》，《鲁迅的教育思想和实践》

人类通过努力而获得独立。所谓独立，就是不需别人的帮助而能独自做某事。儿童一旦获得了独立，就能迅速取得进步。否则，其进步就会十分缓慢。领悟了这些道理，我们就会明白该怎样对待并有效地管理儿童。儿童自己的行动可引导他走向独立之路。

——蒙台梭利《有吸收力的心理》，《蒙台梭利幼儿教育科学方法》

一件重要的事情，让孩子独自去做。因此，当孩子在学习看和听的时候，以及在之后相当长的时间内，都要让孩子们独自去做。

——霍尔《儿童的心理发展》

在影响儿童时，要尽量别挫伤儿童的首创精神；恰恰相反，我们要千方百计地发扬这种首创精神，并且要巩固儿童自发地掌握的学习方法。

——克鲁普斯卡雅《第十七次党代表会议和学前教育的任务》，《克鲁普斯卡雅教育文选》

积极的鼓励比消极的刺激来得好，但是鼓励法也不可用得太滥，一滥恐失其效用；刺激法若使用得当，也是很好的，不过只可偶一为之而已。

——陈鹤琴《家庭教育》，《陈鹤琴教育文集》

为了成人生活的造诣，而不管儿童的能力和需要，是一种自杀的政策。

——杜威《民主主义与教育》，《杜威教育论著选》

判断兴趣好坏的标准总是看是否使儿童卓有成效地成长。练习某一兴趣而无助于成长是放纵。为了最有利于成长，应具备三个条件：经久不衰的兴趣；来自环境的需要调动内部最大努力的挑战；最终的成功。

——克伯屈《教学方法原理》

我们要解放小孩子的空间，让他们去接触大自然中的花草、树木、青山、绿水、日月、星辰以及大社会中之士、农、工、商，三教九流，自由地对宇宙发问，与万物为友，并且向中外古今三百六十行学习。

——陶行知《创造的儿童教育》，《陶行知教育文选》

从觉醒的人开手，各自解放了自己的孩子。自己背着因袭的重担，肩住了黑暗的闸门，放他们到宽阔光明的地方去。此后幸福的度日，合理的做人。

——鲁迅《我们现在怎样做父亲》，《鲁迅的教育思想和实践》

经验告诉我们，娇生惯养的孩子比其他孩子死的还多一些。只要我们不使他们做超过其能力的事情，则使用他们的体力同爱惜他们的体力相比，其危害还是要小一些。因此，锻炼他们的体格，使他们能够忍受酷烈的季节、气候和风雨，能够忍受饥渴和疲劳……

——卢梭《爱弥儿》

有些人是过分严格，有些人是过分放任，这两种情况同样是要避免的。如果你放任孩子不管，就会使他们的健康和生命遭到危险，使他们在眼前受到许多苦楚；但是，如果你过分关心，一点苦都不让他们受，就会使他们在将来遭到更大的苦难。

——卢梭《爱弥儿》

知识之为悟性所喜悦，正与光线之为眼睛所喜悦是一样的；儿童极端喜欢知识，尤其是当知道自己的问题得到别人的注意时，他们的求知的欲望受到了人家的鼓励与赞扬的时候更是如此。

——洛克《教育漫话》

要引导学生怀着自信心去正视生疏的问题，慢慢地但却是坚毅地去解决它。我们不能低估年轻人有能力以自己的才智找到合适的答案与其他任何生物一样，孩子擅长真正属于他本性的活动。因此，要按大自然的规律办事，在学校中消除过重的劳累现象，要尽量使学习能够自由和愉快。

——伊拉斯谟《一个基督教王子的教育》

孩子是可以敬服的，他常常想到星月以上的境界，想到地面下的情形，想到花卉的用处，想到昆虫的言语；他想飞上天空，他想潜入蚁穴……所以，给儿童看的图书就必须十分慎重，做起来也十分烦难。

——鲁迅《看图识字》，《鲁迅的教育思想和实践》

孩子的世界，与成人截然不同；倘不先行理解，一味蛮做，便大碍于孩子的发达。

——鲁迅《我们怎样做父亲》，《鲁迅的教育思想和实践》

学习是主动的，它包含着心理的积极开展。它包括着从心理内部开始的有机体的同化作用。毫不夸张地说，我们必须站在儿童的立场上，并且以儿童为自己的出发点。

——杜威《儿童与课程》，《杜威教育论著选》

大自然希望儿童在成人以前就要像儿童的样子。如果我们打乱了这个次序，我们就会造就一些早熟的果实，它们长得既不丰满也不甜美，而且很快就会腐烂：我们将造成一些年纪轻轻的博士和老态龙钟的儿童。儿童是有他特有的看法、想法和感情的。如果想用我们的看法、想法和感情去代替他们的看法、想法和感情，那简直是最愚蠢的事情。

——卢梭《爱弥儿》

教育必须从心理学上探索儿童的能量、兴趣和习惯。它的每个方面都必须参照这些考虑加以掌握。

——杜威《我的教育信条》，《杜威教育论著选》

儿童是一个谜。正在实体化的儿童是一个精神胚胎，他需要自己的特殊环境。正如一个肉体的胚胎需要母亲的子宫并在那里得到发育一样，精神的胚胎也需要在一个充满着爱的温暖和有着丰富营养的环境里得到发展，那里的一切东西都不会伤害它。

——蒙台梭利《童年的秘密》

在人的内部存在着一种向一定方向成长的趋势或需要，这个方向一般地可以概括为自我实现，或心理的健康成长。

——马斯洛《存在心理学探索》

集体生活是儿童之自我向社会化道路发展的重要推动力；为儿童心理正常发展所必需。一个不能获得这种正常发展的儿童，可能终其身只是一个悲剧。

——陶行知《育才学校教育纲要草案》，《陶行知文集》

在我们培养孩子们的努力中，外表行动是刺激其内部心灵发展的手段，而内部心灵发展又会通过外表行动表现出来。这两种因素相互促进，共同发展。工作使孩子们的心灵得到发展，而心灵充分发展又会促使其工作得更好；工作进步又使孩子们感到愉快，于是他们的心灵又进一步得到发展。

——蒙台梭利《蒙台梭利方法》，《蒙台梭利幼儿教育科学方法》

我们研究儿童心理和学习心理，应该从社会矛盾中加以分析。教育的效能与教育的发展的制约，不能单纯地从教育本身来解决，应科学地来解决。其解决方法，当与整个社会制度问题配合着。我们的研究重心，不是放在抽象的儿童身上，而是放在一定社会制度下的儿童身上。

——徐特立《教育讲座》，《徐特立教育文集》

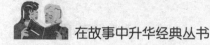

总体来说，小孩子（1）好游嬉的；（2）好奇的；（3）好群的；（4）好模仿的；（5）喜欢野外生活的；（6）喜欢成功的；（7）喜欢别人赞许他的。我们教小孩子必须先要了解小孩子的心理。若能依据小孩子的心理而施行教育，那教育必有良好效果。

——陈鹤琴《家庭教育》，《陈鹤琴教育文集》

知识如果不合于这个或那个孩子的心灵，它就是不合适的。因为人心的不同和植物、树木或动物之各不相同一样大；这个必须这样去对付，那个又必须那样去对付，同样的方法是不能够用在所有的人身上的。

——夸美纽斯《大教学论》

早熟的才智鲜有能结好果者。所谓早熟，是指这样一些学生：他们刚刚开始学习就被厚颜无耻所驱使，自负而迫不及待地要显露一下自己。但是他们用来显露身手的，也不过就是刚刚学到的一点东西。这里没有根基深厚而牢固的内在力量，它们不过像撒在土地表面而未熟即萌芽的种子，又像似稻而实非稻的杂草，收获季节未到就早已枯黄，结了空实。

——昆体良《雄辩术原理》，《昆体良教育论著选》

只要每个人在恰当的时候干适合他性格的工作，放弃其他的事情，专搞一行，这样就会使每种东西都生产得又多又好。

——柏拉图《理想国》

适应自然这个原则是一切教育的最高原则。在教育中我们是同人打交道，是教育人的问题。因此，我肯定地说：在人的教育中，一般地说，一切都取决于不违反人的本性；个别地说，一切都应当适应每个人的个别特征。

——第斯多惠《第斯多惠教育论著选》

因而知教育者，与其守成法，毋宁尚自然；与其求划一，毋宁展个性。

——蔡元培《新教育与旧教育之歧点》，《蔡元培教育文选》

我们所假定的哲学家的天赋，如果得到了合适的教导，必定会成长而达到完全的至善。但是，如果他像一株植物，不是在所需要的环境中被播种培养，就会长成一个完全相反的东西。

——柏拉图《理想国》

孩子年轻的时候，他们天性的征兆是那么不固定……有些人由于缺乏先见之明，不善于指引他们的道路，往往花费很多时间和孩子谈他们天性所不喜爱的东西，而毫无结果。

——蒙田《论儿童的教育》,《中世纪教育文选》

教者顺其性之所近,以深造之,各如其量而可矣。

——王夫之《四书训义》

大抵童子之情,乐嬉游而惮拘检,如草木之始萌芽,舒畅之则利达,摧扰之则衰萎。今教童子,必使其趋向鼓舞,中心喜悦,则其进自不能已。譬之时雨春风,沾被卉木,莫不萌动发越,自然日长月化;若冰霜剥落,则生意萧索,日就枯槁矣……

——王守仁《王文成全书》

新教育——深知儿童身心发达之程序。而择种种适当之方法以助之。如农学家之于植物焉,干则灌溉之,弱则支持之,畏寒则置之温室,需食则资以肥料,好光则复以有色之玻璃;其间种类之别,多寡之量,皆几经实验之结果,而后选定之;且随时试验,随时改良,决不敢挟成见以从事焉。

——蔡元培《新教育与旧教育之歧点》,《蔡元培教育文选》

既要发挥各自的才能,又要充分发挥各自的特色。我认为这才是教育最应崇尚的东西。

——小原国芳《小原国芳教育论著选》

个性和古怪绝非同一件事。教师们并不要求特意去制造个性,只要求让它从每个儿童的天性材料中不受阻碍地发展起来,由这个天性可能包含的任何强壮的或柔弱的力量形成起来。

——沛西·能《教育原理》

我们的职责是:全面地发展每一个学生的个性,发现他的禀赋,形成对艺术创作的才能,以便使他享有一种多方面的完满的精神生活。

——苏霍姆林斯基《给教师的建议》

一个学校的学习和训练,虽然必须代表当局认为具有重大价值的文化的和道德的传统,但是它们还应该留有充分余地,以便个性得以自由发展。需要由各种各样的人来构成一个世界,每个人愈能发展自己的特长,这个世界就愈丰富。

——沛西·能《教育原理》

教育的最高目标就是激发主动性,培养独立性。从广义上讲,这就是一切教育的最终目的。

——第斯多惠《德国教师培养指南》

只有在一个有利于个性的教育的环境中,才能指望个性的全面发展。

——沛西·能《教育原理》

儿童不是"小人"，儿童的心理与成人的心理不同样。儿童的时期不仅作为成人之预备，亦有他的本身的价值，我们应当尊重儿童的人格，爱护他的烂漫天真。

——陈鹤琴《儿童心理及教育儿童之方法》，《陈鹤琴教育文集》

要使孩子们保持他们的天真，只有一个良好的办法，那就是：所有他周围的人都要尊重和爱护他们的天真，不这样做，则我们对他们所采取的一切控制办法迟早是要同我们预期的目的产生相反的效果的。

——卢梭《爱弥儿》

在万物的秩序中，人类有它的地位；在人生的秩序中，童年有它的地位。应当把成人看作成人，把孩子看作孩子。

——卢梭《爱弥儿》

真正的学校应该是这样的学校：把孩子当作孩子来尊重，使他们在身体方面、精神方面都得到发展，具有将来能够作为一个真正的大人、作为一个真正的人生存下去的素质。

——小原国芳《小原国芳教育论著选》

整个儿童时期就是在忘却自己昨天还是儿童中逝去的。儿童最大的愿望，莫过于尽早不做儿童。

——阿兰《教育漫谈》，《世界教育名著通览》

没有兴趣，就不会有进步。快乐是唤起活生生的有机体去适应自我发展的天然方法。痛苦无疑只是唤起有机体活动的一个次要手段，仅仅在快乐减退的时候才出现。快乐是生命冲动正常而健康的刺激力量。

——怀特海《教育的目的》

不要养成儿童自卑的态度，不要养成儿童自大的习气，不要利用惧怕来压迫儿童，要随时使儿童快乐。

——陈鹤琴《心理与心理卫生》，《儿童教育》

蒙养之道通于圣功，苟非其心之乐为，强之而不能以终日。

——王夫之《张子正蒙注》

要爱护儿童，帮他们做游戏，使他们快乐，培养他们可爱的本能。你们当中，谁不时刻依恋那始终是喜笑颜开、心情恬静的童年？你们为什么不让天真烂漫的儿童享受那稍纵即逝的时光，为什么要剥夺他们绝不会糟蹋的极其珍贵的财富？他们一生的最初几年，也好像你们一生的最初几年一样，是一去不复返的，你们为什么要使那转眼即逝的岁月充满悲伤和痛苦呢？

——卢梭《爱弥儿》

要避免一切不必要的压制，这样的强制可能使儿童无所适从，可能抑制他们的情绪，毁灭他们的乐趣；同时这还可能毁灭他们今后对童年的美好回忆，乃至对教育者的真诚的谢意，而这将是他们对教育者惟一真诚的感谢！

——赫尔巴特《普通教育学》，《普通教育学·教育学讲授纲要》

过去人们不懂得训练本能，所以被迫诉诸压制。现在知道压制是一个坏方法，因为它从未真正成功过，而且因为它会造成心理失常。

——罗素《教育和美好的生活》，《西方现代教育论著选》

教师在教育上的英明就是要让孩子任何时候都不失掉信心，都不使他感到什么都不好。

——苏霍姆林斯基《把整个心灵献给孩子》

鞭挞或呵斥是应该谨慎地避免的。因为这种惩罚的方法，除了使儿童对于使得自己遭受鞭挞或呵斥的错误行为产生一种羞耻与恐怖的心理以外，是决不能再有别的好处的。

——洛克《教育漫话》

我看你的爹爹，人是好的，不过记性差一点。他自己小的时候，一定也是不喜欢关在黑屋子里的，不过后来忘记那时的苦痛了，却来关自己的孩子。我希望你们有记性，将来上了年纪，不要再随便打孩子。不过孩子也会有错处的，要好好地对他说。

——鲁迅《致颜黎民》，《鲁迅的教育思想和实践》

教育绝非单纯的文化传递。教育之为教育，正在于它是对人格心灵的"唤醒"。这是教育的核心所在。

——转引自斯普朗格，汉斯·舒维尔《教育学经典作家》

应该利用一切机会，甚至在可能的时候创造机会，给他们一种不可缺少的练习。这就可以使他们养成一种习惯，这种习惯一旦培养成功之后，便用不着借助记忆，很容易地很自然地就能发生作用了。

——洛克《教育漫话》

教育者不仅常常有必要使一些习惯牢固地扎下根来，而且也常常有必要去根除一些已经形成的习惯。后者比前者更困难，因为它需要更加周密地思考，也需要更大的耐心。

——乌申斯基《论习惯的培养》，《乌申斯基教育文选》

从小就养成这样还是那样的习惯不是件小事情；恰恰相反，它非常重要，比一切都重要。

——亚里士多德《尼各马科伦理学》

儿童获得习惯的速度是惊人的，而且所获得的每一种不良习惯都会成为以后形成良好习惯的障碍。如果最初形成的习惯是好的，就可以免去以后的许多麻烦；更重要的是，最初获得的习惯对以后的生活来说，具有与本能类似的作用。

——罗素《论教育》

凡在儿童身上可能培养的习惯，都应及早开始，然后渐渐加强这些训练。

——亚里士多德《政治学》

既然习惯是人生的主宰，人们就应当努力求得好的习惯。习惯如果是在幼年就起始的，那就是最完美的习惯，这是一定的，这个我们叫做教育。教育其实是一种从早年就起始的习惯。

——培根《培根论说文集》

为了使习惯牢固地建立起来，就需要时间，就像播种在田里的种子的生长需要时间一样。因而如果教育者急于牢固地建立起习惯和技巧，他就可能反而使它们完全建立不起来。

——乌申斯基《论习惯的培养》，《乌申斯基教育文选》

有三种东西能使人善良而有德行，那就是天性、习惯和理性。由于天性、习惯和理性不能经常统一，这就必须使它们互相调和。

——亚里士多德《政治学》，《古希腊教育论著选》

天性常常是隐而不露的，有时可以压伏，而很少能完全熄灭的。一个人的天性不长成药草，就长成莠草；所以他应当及时灌溉前者而芟除后者。

——培根《培根论说文集》

要求重视儿童的精神的形成，而且应该及早形成，那是可以影响他们日后一生一世的生活的。

——洛克《教育漫话》

那些天真烂漫、活泼而健康的孩子是怎么活动的呢？他们玩是为什么？玩是为了玩。孩子跑跑跳跳、扭打着玩耍、爬高、游泳……这都是为了什么？都是因为孩子喜欢这些活动。这是天经地义的事。

——第斯多惠《德国教师培养指南》

孩子从早到晚所做的游戏，在不理解孩子的大人的眼里，似乎没有任何意义，而实际上其中包含着十分宝贵的意义。本来玩耍就是孩子的生命。家长经常责备孩子"贪玩"啦，"淘气"啦，然而挖土、追狗、爬树、戏水、掘沙子、弄破纸窗、打碎杯子、削木块、投石子……这当中不正蕴藏着可贵的理科教育、数学教育和艺术教育吗？

——小原国芳《小原国芳教育论著选》

给儿童提供独立活动的机会，是培养意志的必要条件，而意志在人的一生中起着重大的作用。如果一个教师老是牵着学生走路，那他就是不懂得意志力形成的条件和源泉。

——赞科夫《和教师的谈话》

假如你们希望以后在适当的时候你们的孩子能够帮助你们的话，那么就要及早地在他们身上培养活动的本能，特别是在目前少年期培养他们的塑造冲动，即使需要你们做出一些克制和牺牲，也在所不惜。犹如从肥沃的土地上获得良好的收成一样，以后将会得到许许多多的、甚至上百倍的报答。

——福禄培尔《人的教育》

儿童秉性好动，我们不要仍旧用消极的老办法，来剥夺他的活泼天性，必须予以适当的环境，能使他充分地发展。

——陈鹤琴《儿童心理及教育儿童之方法》，《陈鹤琴教育文集》

男孩子们总是爱好做事的，因为他们那旺盛的血液是不许他们静止的。既然这是极为有利的，那就应该不加限制，但是必须有所准备，好让他们有事可做。

——夸美纽斯《母育学校》，《夸美纽斯教育论著选》

儿童喜爱忙忙碌碌，对儿童的这种爱好，永远应该加以指导，使他们去做有益于他们自己的事情。

——洛克《教育漫话》

多给孩子们以真正的自由，少让他们养成驾驭他人的思想，让他们自己多动手，少要别人替他们做事。

——卢梭《爱弥儿》

儿童有行使自由意志的能力。教育上最大的一个问题是把如何运用这种能力同如何给予这种能力以必要地限制结合起来。

——康德《康德教育论》

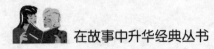

应该让孩子时时刻刻与人生的实际经验相接触。玫瑰花要让他玩，刺不要摘去。然而，这是今天的儿童教育中最初忽视的一点，因此，虽有"很合理"的方法，却常常传来失败的消息。

——爱伦·凯《儿童的世纪》

儿童非常爱好游戏，也应当满足这种爱好。不仅仅应当给儿童游戏的时间，而且应当使儿童的全部生活充满游戏。儿童的全部生活，也就是游戏。

——马卡连柯《关于我的经验》，《马卡连柯教育文集》

游戏在儿童生活中具有极重要的意义，具有与成人的活动、工作和服务同样重要的意义。儿童在游戏中怎么样，当他长大的时候，他在工作中也多半如此。因此，未来活动家的教育，首先要在游戏中开始。

——马卡连柯《儿童教育讲座》，《马卡连柯教育文集》

游戏是儿童最正当的行为，玩具是儿童的天使。

——鲁迅《风筝》，《鲁迅的教育思想和实践》

游戏的场所是儿童的生活实验室，它为年轻的生命提供了美好的特征和气氛。没有了这种特征和气氛，生命的这一时期对于人类来说将是毫无益处的。

——沙茨基《沙茨基教育论著选》

三、造就有创造力的人

他有一个能包罗万象的心胸，其所以这样，不是由于他有知识，而是由于他有获得知识的能力；他心思开朗，头脑聪敏，能够随机应变。我的目的不是教给他各种各样的知识，而是教他怎样在需要的时候获得知识，是教他准确地估计知识的价值，是教他爱真理胜于一切。

——卢梭《爱弥儿》

我们要极力地锻炼学生，使他们得到观察，质疑，假设，试验，实证，推想，会通，分析，正确，种种能力和态度，去探求真理的源泉。

——陶行知《南京安徽公学办学旨趣》，《陶行知文集》

是，则一二人之见，不可易也；非，则千万人所同，不随声。岂惟千万人，虽千百年同迷之局，我辈亦当以先觉觉后觉，不必附和雷同也。

——颜元《习斋言行录》

在真理与友谊两者俱为我所亲的情形下，为了保卫真理，我们宁取真理。这乃是神圣的义务。

——亚里士多德《尼各马科伦理学》，《西方伦理学名著选辑》

知之为知之，不知为不知，是知也。

——孔子《论语·为政》

我们把别人的学问和见解保存下来，便算完事了吗？我们必须把它们变为自己的。准确地说，我们像一个需要火的人到邻家取火，但在那里看见一堆熊熊的火焰，便留下来取暖，忘记了带回家去。

——蒙田《论教育》，《蒙田随笔》

如果我们要展望对学校来说什么是特别重要的问题，我们就得问怎样训练几代儿童去发现问题，去寻找问题。

——布鲁纳《教育的适合性》，《布鲁纳教育论著选》

儿童的世界，是儿童自己去探讨，去发现的。他自己所求来的知识，才是真知识；他自己所发现的世界，才是他的真世界。

——陈鹤琴《活教育的教学原则》，《陈鹤琴教育文集》

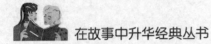

用于探究的效能最高的工具之一是对照。我们相信，通过引导儿童探索对照物，儿童就更加可能按照一种方式去组织他的知识，这种方式可以帮助他在需要发现的特定环境中有所发现。

——布鲁纳《教育的适合性》，《布鲁纳教育论著选》

激发和支持孩子们的兴趣，并且引导他们进行解决问题的活动。同时还有一项特殊的目标有待实现——教给孩子们分析因素的方法，让他们具有这种综合技能，用一种可以理解的形式来解决问题。

——布鲁纳《教学论探讨》，《布鲁纳教育论著选》

在学生的脑力劳动中，摆在第一位的并不是背书，不是记住别人的思想，而是让学生本人进行思考。也就是说，进行生动地创造，借助词去认识周围世界的事物和现象，并且与此联系地认识词本身的极其细腻的感情色彩。

——苏霍姆林斯基《给教师的建议》

如果你所追求的只是那种表面的、显而易见的刺激，以引起学生对学习和上课的兴趣，那你就永远不能培养起学生对脑力劳动的真正的热爱。你应当努力使学生自己去发现兴趣的源泉，让他们在这个发现过程中体验到自己的劳动和成就——这件事本身就是兴趣的最重要的源泉之一。

——苏霍姆林斯基《给教师的建议》

教育的最大的秘诀是：使身体锻炼和思想锻炼互相调剂。……我们在开头锻炼了他的身体和感官之后，又锻炼了他的思想和判断的能力。这样，我们就能使他把四肢的运用和智力的运用结合起来。

——卢梭《爱弥儿》

鼓励集体合作的活动，将课程设置从外加的内容转变为内在有机的内容。寻求能激发儿童最大的兴趣与能力的活动。总之，通过这一切寻求使儿童对生活的道德方面越来越敏感，抓住每一时机，在儿童身上确立起对集体价值的责任感。

——克伯屈《教学方法原理》

摧残天赋优异而具创造力的年轻人，比鼓励他们开花结果容易得多！正因为我们对他们探求的奇异现象所知太少，对于家长和教师们，最重要的就是"请别伤害他们"！

——加德纳《多元智能》

手使脑得到发展，使之更明智；脑使手得到发展，使手成为从事创造活动的聪明工具，成为思维的工具和镜子。

——苏霍姆林斯基《给教师的一百条建议》

童年时代要经常表现出勇敢、有创造力，以创造为乐。我真正希望年轻的学生能表现出丰富的创造性。

——昆体良《昆体良论教育》

人的教育不能只是简单地、机械地接受训练，最重要的是要使儿童学会思考。

——康德《康德论教育》

要让孩子学会思考天上的灿烂光辉，地上的丰硕收成，隐蔽的河流源泉，奔腾入海的奇观，浩瀚无边的大海，数不尽的生物家族；学会思考所有造就出来以服务于人类需要的东西。

——伊拉斯谟《一个基督教王子的教育》

思维就像一棵花，它是逐渐地积累生命的汁液的。只要我们用这种汁液浇灌它的根，让它受到阳光的照射，它的花朵就会绽开。让我们教会儿童思考，在他们面前展开思维的最初的源泉——周围世界吧！让我们把人类最大的欢乐——认识的欢乐给予儿童吧！

——苏霍姆林斯基《给教师的建议》

什么是教育？教育就是帮助学生学会自己思考，作出独立的判断，并作为一个负责的公民参加工作。

——赫钦斯《教育中的冲突》，《西方现代教育论著选》

只强调给学生丰富的知识，不问目的，不讲效果，弄得学生负担很重，不能掌握以简驭繁的基本原理，不能发挥独立思考的作用，这样的做法我们也是应该反对的。

——徐特立《解答关于教育方针的几个问题》，《徐特立教育文集》

为了使一个青年能够成为明智的人，就必须培养他有他自己的看法，而不能硬是要他采取我们的看法。

——卢梭《爱弥儿》

教育不能复制学生于毕业后所需的经验，它应当使学生自己致力于培养思维的正确性，作为达到实际的智慧即理智的行为的一种手段。

——赫钦斯《普通教育》，《西方现代教育论著选》

没有想象便没有创造。所谓想象、空想、幻觉，就是像在梦境里一般。然而这是很重要的。飞上天空！若插上翅膀会怎么样？要到月球世界里去！正是有了这些想象力才发明出了飞机……不能不加分析地嘲笑空想或梦想。没有梦，就没有进步。

——小原国芳《小原国芳教育论著选》

31

学而不思则罔，思而不学则殆。

——孔子《论语·为政》

耳目之官不思，而蔽于物，物交物，则引之而已矣。心之官则思，思则得之，不思则不得也。此天之所与我者。

——孟轲《孟子·告子上》

要做到使儿童在观察种种现象时接连不断地有所发现，仿佛在他面前燃起了思考的火花，从而促使思维过程活跃起来。思想的火花一经点燃，儿童就想知道更多的东西，想深入了解新的现象。这种想法和愿望，也就是加速思维过程活跃程度的动力。

——苏霍姆林斯基《给教师的一百条建议》

只有通过交流，人的生活才具有意义。只有通过学生思考的真实性，才能证实教师思考的真实性。教师不能替学生思考，也不能把自己的思考强加给学生。真正的思考，即是对现实的思考，不是发生在孤立的象牙塔中，而只能通过交流才能产生。

——弗莱雷《被压迫者教育学》

好奇心强有力的刺激激励儿童进行思考。如果获得了成功，或者得到了别人的鼓励，儿童将会养成一种善于思考的习惯。

——裴斯泰洛齐《致格瑞夫斯的信》，《裴斯泰洛齐教育论著选》

智力需要机敏的好奇心。正当的好奇心则是为真正的求知欲而激起。你们也可以从儿童身上看到这种冲动，例如当平时锁着的抽屉或橱柜一旦打开给孩子们看时，他们会表现出极大的兴趣，这也正是正当的好奇心。动物、机器、雷雨，以及各种手工劳动均能引起儿童的好奇心，他们对知识的渴望能使最有智慧的成年人感到惭愧……我们也许可以说，好奇心一死，活跃的智力也就跟着消亡了。

——罗素《教育与美好生活》

开始，孩子们只不过是好动，后来变得好奇；这种好奇心只要有很好的引导，就能成为我们现在所讲的这个年龄的孩子寻求知识的动力。

——卢梭《爱弥儿》

好奇心是求知欲的开端，而儿童的好奇心通常是很强烈的。一个人的智力活动越是集中在一个范围之内，他的求知欲就越是能得到发展。教育者应该致力于把儿童先天就有的好奇心变成求知欲这样一个目标；但由于这一目标实现起来很缓慢，它只有通过整个教学和教育过程才能实现，因而教育者就应努力做到在形成儿童真正的求知欲之前不要去扼杀他的好奇心……

——乌申斯基《论情感的培养》，《乌申斯基教育文选》

儿童的好奇心，只是一种追求知识的欲望，所以应该加以鼓励，不但因为它是一种好现象，而且因为这是自然给他们预备的一个好工具，他们可用以除去生来的无知。他们如果不是好问，无知就会使他们变成一种愚蠢无用的动物。

——洛克《教育漫话》

在学校里，学生思维训练失败的最大原因，也许在于不能保证像在校外实际生活那样，有可以引起思维的经验的情境。

——杜威《我们怎样思维》，《杜威教育论著选》

真正的教有，意味着创造可以从中发现结构的情境；它不意味着向儿童传授只可能被同化于言语水平的结构……一个教师最应做的事不是纠正儿童的格式，而是向儿童提供他可以自我改正它们的情境。

——转引自柯普兰《儿童怎样学习数学——皮亚杰研究的教育含义》

孩子从渴望知识的心灵出发，会接二连三地提出问题。怎样？为什么？用什么办法？什么时候？什么原因？什么目的？每一个稍能满足孩子的答案，都会给孩子开拓一个新的世界。

——福禄培尔《人的教育》

教育的任务是毫无例外地使所有人的创造才能和创造潜力都能结出丰硕的果实，这就要求每个人都有自我负责和实现个人计划的能力。

——德洛尔等《教育——财富蕴藏其中》

在理论上，没有人怀疑学校中培养学生优良思维习惯的重要性。但是事实上，这个看法在实践上不如在理论上那么为人们所承认。此外，就学生的心智而论（某些特别的肌肉能力除外），学校为学生所能做或需要做的一切，就是培养他们思维的能力。对于这一点，也许还没有足够的理论上的认识。

——杜威《民主主义与教育》

智能是解决问题或制造产品的能力，这些能力对于特定的文化和社会环境是很有价值的。

——加德纳《多元智能》

如果他不能筹划他自己解决问题的方法（自然不是和教师、同学隔绝，而是和他们进行合作），自己寻找出路，他就学不到什么；即使他能背出一些正确的答案，百分之百正确，他还是学不到什么。

——杜威《民主主义与教育》

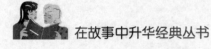

毫无疑问，学校里的学习使学生掌握了某种技能，这种技能可以迁移到以后不论在校内或离校后所遇到的活动上去……他学到的观念越是基本，几乎归结为定义，则这些观念对新问题的适用就越宽广。

——布鲁纳《教育过程》，《布鲁纳教育论著选》

必须把学校的重点放在发展解决问题的一般方法上，放在能适用于广泛新情境的认知上。

——布卢姆《教育目标分类学》

创造性教育不应该只注重那些具有社会价值的艺术或科学成果，而且必须注意那种即兴创造、灵活恰当有效地应付任何突然呈现在此时此地的情境的能力。

——马斯洛《人性能达到的境界》

为了能够很好地利用这些潜力，个人必须掌握高质量的基础教育的一切基本知识。更为理想的是，学校应进一步赋予学生学习的兴趣和乐趣、学会学习的能力以及对知识的好奇心，甚至让我们设想一个每人轮流当教员和学员的社会。

——德洛尔等《教育——财富蕴藏其中》

教师在教育事业中的任务在于提供刺激学生的反应和指导学生学习过程的环境。归根结底，教师所能做的一切在于改变刺激，以便反应尽可能使学生确实形成良好的智力的和情绪的倾向。

——杜威《民主主义与教育》

没有激发便没有发展，天资也就停滞不前。教育就是激发，教育理论就是激发理论。如果培养称为"按智力发展"，那么天资的培养就是有一定目的的激发。

——第斯多惠《德国教师培养指南》

因为智能在其发展的不同阶段都是以不同的方式显现的，所以对智能的评估和开发，都要以适当的方式进行。婴儿期的方法可能不适合后续阶段，反过来也是如此。在学前期和小学低年级，应该尽量向儿童提供机会。他们往往就是在这一阶段和年纪发现自己最感兴趣的东西和能力最强的领域。

——加德纳《多元智能》

就普通教育而言，任何知识、任何技能，如果不能通过让学生全面洞察可以严格地列举出来的各种根源，或者不能通过使他们形成放之四海而皆准的观点（如数学和美学的观点），从而提高他们的思维力和想象力，并通过这两者使他们的智能得到提高的话，那么，这种知识和技能是死的和无用的。

——洪堡《立陶宛的学校计划》，《教育学文集·联邦德国教育改革》

光传授知识而不训练智力是可能的；这不但可能，而且是件既容易又经常做的事情。但是，我不相信能光传授知识而不训练智力。没有智力，我们复杂的现代世界就不会存在，更不会进步。因此，我把智力培养视为教育的主要目的之一。

——罗素《教育论》

是以教授之力，仅为诱导之具；而自动之力，实为成功之基。仅有知识而不发展其能力，则所得终难见诸实行。是故不惟知之，且须能之；不惟理会之，且须应用之。

——杨贤江《学生自动之必要及其事业》，《杨贤江教育文集》

谁也不能否认使我们的学生牢固地知道各种起码的知识的重要性，这种知识应为每一个苏维埃公民所掌握。但是，如果这些知识只是通过记忆而获得，如果他们没有同时积累某种工作的能力和习惯，那么这种知识就未必有价值了。

——转引自《沙茨基——著名的苏维埃教育家》，《苏维埃教育学》

对青年的正确教育不在于把他们的脑袋塞满从各个作家那里生拉硬扯地找来的字句和观念，而在于使他们的悟性看到外面的世界，以便他们的心灵本身涌出一道活流。

——夸美纽斯《大教学论》

虽然知识与判断力都是必需的，缺少哪一个都会显得不完美。但是，事实上判断力总应该比知识重要，没有知识，凭判断力还可以尽力设法应付，但仅有知识却永远做不到这点。

——蒙田《论学究气》，《西方古代教育论著选》

尽管追求知识是智育的一个主要目标，但智育的价值中还有一个更模糊然而更伟大、更居支配地位的成分，古人把它称为"智慧（wisdom）"。没有某些知识作为基础，你不可能聪明；但你也许能轻而易举地获得知识，却仍然缺乏智慧。

——怀特海《教学的目的》

说到"笨学生"，我不以考试和成绩来论断孩子的智力。在许多情形下，笨孩子只是因为有不自觉的冲突和罪恶感而心不在书本而已……我至今没有见到一个所谓"笨学生"没有创造力的，以学校功课来断定孩子的智力是毫不正确，且有绝大害处的。

——尼尔《夏山学校》

四、学会如何学习和读书

教书，并不是像注水入瓶一样，注满了就算完事。最重要是引起学生读书的兴味，做教员的，不可一句一句，或一字一字的，都讲给学生听。最好使学生自己去研究，教员竟不讲也可以，等到学生实在不能用自己的力量了解功课时，才去帮助他。

——蔡元培《普通教育和职业教育》，《蔡元培教育论集》

强制学习，必须坚决禁止。将人当成机械，将教师当成唱机，将学生当成背书机器，这决不能产生创造性教育，个性得不到发展，当然也不能指望对世界文化作出贡献。

——小原国芳《小原国芳教育论著选》

孩子们的生活显然依其自由意志，而非焦急的父母或那些自以为是的教育家的意志。家长和老师的干预和指导最终造成的是一些机器人。我认为，不应该强迫孩子去学习自己不愿意学习的音乐或其他东西，才不致使其成为一个没有意志的人。

——尼尔《夏山学校》

因为把知识自身看作独立的目的，所以古代的观念把知识看作一件现成的东西，拿来拿去，你传给我，我又传给别人，或是摆设起来，供人赏玩。知识就像一些金钱，守财奴积了许多钱，越积越多，越多越好，全不问金钱有什么用处，只觉得积钱是人生惟一目的。旧式的知识论正同守财奴的积财观念。

——杜威《现代教育的趋势》

讲解（教师是讲解人——编者注）引导学生机械地记忆所讲解的内容。尤为糟糕的是，讲解把学生变成了"容器"，变成了可任由教师"灌输"的"存储器"。教师越是往容器里装得完全彻底，就越是好教师；学生越是温顺地让自己被灌输，就越是好学生。于是，教育就变成了一种存储行为。学生是保管人，教师是储户。

——弗莱雷《被压迫者教育学》

遵循这样一条真理：教师本身小心谨慎。如果他希望自己的学生成为有用的人而不是华而不实的人，他在教育头脑尚未成熟的学生时，不要使他负担过重，要节制自己的力量，辅就学生的能力。

——昆体良《雄辩术原理》，《昆体良教育论著选》

有一种错误的想法，即以为题目能考出能力和天才，死记硬背能检验钻研书本的程度，这不是我的经验。除了造成教育上的浪费以外，这不可能有任何结果。

——怀特海《教育的目的》

兴趣就是主动性。兴趣应当是多方面的，因此要求多方面的主动性。教学应当端正他们的思想和努力方向，引其走上正确的道路。仅仅引向死记硬背的学习，会使大部分儿童处于被动状态，因为只要这种学习继续下去，就会排斥儿童通常可能具有的其他思想。

——赫尔巴特《教育学讲授纲要》，《普通教育学·教育学讲授纲要》

在学校里往往只发现记忆力：读课文，讲述，背诵。而一个记忆不好的儿童往往可能是个很有能力、很有才华的人……如果能够发展自己的全部才能，他就比较容易去从事他中意的工作，也不会把它当成沉重负担。

——克鲁普斯卡雅《社会主义教育的理想》，《克鲁普斯卡雅教育文选》

教育的可能性则取决于兴趣，是兴趣激起学习者发奋，是兴趣使他们将来觉得自己付出的努力是值得的。为了使自己有把握，他们得具备强烈的兴趣，这样才不会在半道上停止不前或者觉得所学的东西没有意义。

——赫尔巴特《赫尔巴特文集》

教育的艺术是使学生喜欢你所教的东西。为了使他对你所教的东西产生兴趣，那就不应该使他的脑筋对你所说的话是那样的默从，就不应该使他除了听你说话以外，便无事可做。

——卢梭《爱弥儿》

教之而不受，虽强告之无益，譬之以水投石，必不纳也。今夫石田，虽水润沃，其干可立待者，以其不纳故也。

——张载《经学理窟·学大原》

无论教什么学科，第一步应该这样把它教给学生，使学生乐于研究，以奠定坚实的爱的基础。

——沛西·能《教育原理》

明智和任何其他品质都不会被属于它自身的快乐所妨碍，而只会被其他快乐所妨碍。所以，沉思和学习的快乐能使人思考和学习得更好。

——亚里士多德《尼各马可伦理学》

"乐则生矣"。学至于乐，则自不已，故进也。

——张载《经学理窟·学大原》

使听者仅仅处于被动状态，并强迫要求他痛苦地否认自己活动的一切方式，本身就是使人厌恶与感到压抑的。所以一种连贯的讲课必须通过使学生始终保持急迫地期待心理来激发学生……教师在必须确保正在进行的工作能顺利进行下去的范围内可以给予学生最大限度的自由，这种方式乃是最好的方式。

——赫尔巴特《普通教育学》，《普通教育学·教育学讲授纲要》

如果智育的目的在于培养聪明才智而不是积累记忆，在于培养知识的探索者而不是培养博学之士，那么传统的教育显然具有严重的缺陷。

——皮亚杰《教育科学与儿童心理学》

如果你想做到使儿童愿意好好学习，使他竭力以此给母亲和父亲带来欢乐，那你就要爱护、培植和发展他身上的劳动的自豪感。这就是说，要让儿童看见和体验到他在学习上的成就。不要让儿童由于功课落后而感到一种没有出路的忧伤，感到自己好像低人一等。

——苏霍姆林斯基《给教师的建议》

经验与交际确实常常使我们感到厌倦，而有时候我们必须忍受。但是，学生却决没有必要一定得遭受教师带来的厌倦！使人厌倦就是教学的最大罪恶。教学的特权就是掠过草地与沼泽，不能总是让人在舒适的山谷中游荡，相反将让人练习登山，并使人在获得广阔视野中得到酬偿。

——赫尔巴特《普通教育学》，《普通教育学·教育学讲授纲要》

硬塞知识的办法该受到多么严厉的遣责。硬塞知识的办法经常引起人对书籍的厌恶；这样就无法使人得到合理的教育所培养的那种自学能力，反而会使这种能力不断地退步。

——斯宾塞《教育论》

有许多错误的做法使学习普遍地令人讨厌，没有效果……我们的时间一部分在学校和大学给予的常常游手好闲的假日中丧失掉了，一部分丧失在违反常规地强迫头脑中空无所有的孩子去写作文、写诗、写演说词，这些事只有具备最成熟的判断力的人才能做到，这是只有通过长期的阅读和观察而在头脑中充满了优美的格言和丰富的创造力的人才能最终完成的工作。

——弥尔顿《论教育》

最紧要的是要特别当心不要让儿童在还不能热爱学习的时候就厌恶学习，以至在儿童时代过去后，还对初次尝过的苦心有余悸。

——昆体良《雄辩术原理》，《昆体良教育论著选》

爱看书的青年，大可以看看本分以外的书，即课外的书，不要只将课内的书抱住。即使和本业毫不相干的，也要泛览。譬如学理科，偏看看文学书；学文学的，偏看看科学书。看看别个在那里研究的，究竟是怎么一回事。这样子，对于别人，别事，可以有更深地了解。

——鲁迅《读书杂谈》，《鲁迅的教育思想和实践》

分数并不代表一切。这种评估过程应该向家长、老师，甚至向学生自己提出建议，告诉他们在家里、学校和更广大的社区里，什么样的活动是可行的。根据这些信息，儿童能够加强他们自己智能的弱项，结合自己智能的强项，以便将来满足职业和副业的需要。

——加德纳《多元智能》

目不通古今，耳不知中外，故至理财无才，治兵无才，守令无才，将相无才……皆八股之迷误人才有以致之也。

——康有为《请废八股以育人才折》，《康有为政论集》

如果学生的精力和精神因休息而得到恢复，他就能以更旺盛的力量和更清醒的头脑进行学习。应当给休息规定一个限度，否则，你不让他休息时，就使他产生对学习的厌恶，而过度放纵的休息，则容易养成懒惰的习惯。

——昆体良《雄辩术原理》，《昆体良教育论著选》

对于每一所学校来说，迫切需要的是，不仅仅设置一个具有宽敞的教室的休息场所，而且要有一个提供休息的自由活动场所；迫切需要在每一节课后安排一次课间休息；在头两节课后允许学生户外活动一次；如果有第四节课的话，在第三节课后应再允许学生做一次户外活动。更加迫切的是不要布置家庭作业去剥夺学生必要的休息时间。

——赫尔巴特《普通教育学》，《普通教育学·教育学讲授纲要》

人之质性各异，当就其质性之所近，心志之所愿，才力之所能以为学，则易成为圣贤，而无龃龉扞格，终身不就之患。

——颜元《四书正误》

培养智力和技能需要有适合人类本性的、符合心理学规律的一套循序渐进的方法。同理，培养这些行动的技巧也取决于一个基础牢固的教学艺术初步的机制，也就是说，要遵循教学艺术的普遍规律。根据这些规律，儿童可以通过一系列从最简单到最复杂的训练而得到教育。这种训练的结果必然会使儿童在他们需要教育的所有方面，获得日益得心应手的技能。

——裴斯泰洛齐《葛笃德如何教育她的子女》，《裴斯泰洛齐教育论著选》

正如紧口瓶子不能容受一下子大量涌入的液体，却能被慢慢地甚至一滴滴地灌进的液体所填满，所以我们也必须仔细考察学生的接受能力。

——昆体良《雄辩术原理》，《昆体良教育论著选》

世上不存在惟一的最优教学程序，只能从学习者的具体情况出发，设计与之相称的理想化程序。

——布鲁纳《关于学习的学习：一份会议报告》

在发展的每个阶段，儿童都有他自己的观察世界和解释世界的独特方式。给任何特定年龄的儿童教某门学科，其任务就是按这个年龄儿童观察事物的方式去阐述那门学科的结构。

——布鲁纳《教育过程》，《布鲁纳教育论著选》

教学要能培植各人的天赋特长，要沿着学生的自然倾向最有效地发挥他的能力。

——昆体良《雄辩术原理》，《昆体良教育论著选》

如果我们拿一只仄口的瓶子，把大量的水猛烈地倒进去，而不让它一滴一滴进去，结果会是什么呢？毫无疑问，大部分的水会流到瓶子外边去，最后，瓶子所盛的水比慢慢地倒进去的还少。有些人教学生的时候，不是尽学生所能领会的去教，而是尽他们所愿教的去教，他们的做法也一样蠢；因为才力是要加以支持的，不可负累过度。教师和医生一样，是自然的奴仆，不是自然的主人。

——夸美纽斯《大教学论》

我认为，优秀的雄辩家的成功是更多归功于学习，而不是更多归功于天性。这就像最好的农夫也不能改良没有肥力的土壤，而肥沃的土地即使没有农夫的帮助也能长出有用的东西来。然而，如果农夫在富饶的土地上支付了劳动，他就能比土地本身的恩赐收获更多的果实。

——昆体良《雄辩术原理》

中人以上，可以语上也；中人以下，不可以语上也。

——孔子《论语·雍也》

学生应该在适合的时间，在他们到达恰当的心理发展阶段时，学习不同的学科，采用不同的学习方式……这是一个从来没有被怀疑的、人所共知的自明之理。

——怀特海《教育的目的》，《西方现代教育论著选》

因人而施之，教也，各成其材矣，而同归于善。

——王守仁《王文成全书》

子深其深，浅其浅，益其益，尊其尊。

——墨翟《墨子·大取》

发展掌握性学习策略的问题基本是一个确定如何把学习者的个别学习差异与教学过程联系起来的问题。

——布卢姆《布卢姆掌握学习论文集》

如果教师能在差生的一般发展上不断地下工夫，那么就不仅能在发展上取得显著的成效，而且也为掌握知识和技巧提供了有利条件。

——赞科夫《和教师的谈话》

我看在其他方面，人和人之间也都同样天生就有所不同，而且也都可以通过勤奋努力而得到很多改进。因此，很显然，无论是天资比较聪明的人还是天资比较鲁钝的人，如果他们决心要得到值得称道的成就，都必须勤学苦练才行。

——转引自色诺芬《回忆苏格拉底》

最复杂的感觉印象是建立在简单要素的基础上的。你把简单的要素完全弄清楚了，那么，最复杂的感觉印象也就变得简单了。

——裴斯泰洛齐《葛笃德如何教育她的子女》，《裴斯泰洛齐教育论著选》

假如把经过准备的讲话以一定的方式储存在记忆中，引导他们去付诸实践，同时选择一些简单的书让他们精读，那么他们不久就能进入学习美好事物的本质，再按一定次序学习文字，这就能使他们很快地掌握语言的能力，我认为这是学习语言最合理和有利的方法。

——弥尔顿《论教育》，《中世纪教育文选》

教学教育过程最优化，就是指所选择的教学教育过程的方法，可以使师生耗费最少的必要时间和精力而收到最佳效果。

——巴班斯基《教学教育过程最优化问答》

科学技术的时代意味着：知识正在不断地变革，革新正在不断地日新月异。所以大家一致同意：教育应该较少地致力于传递和储存知识，而应该更努力寻找获得知识的方法（学会如何学习）。

——富尔《学会生存》

一般说来，"发现教学"所包含的，与其说是引导学生去发现"那里发生"的事情的过程，不如说是他们发现他们自己头脑里的想法的过程。它包含鼓励他们去说，"让我停一停再考虑那个"；"让我运用自己的头脑想想看"；"让我设身处地试试"。

——布鲁纳《教育的适合性》，《布鲁纳教育论著选》

我们教一门科目，并不是希望学生成为该科目的一个小型图书馆，而是要他们参与获得知识的过程。学习是一种过程，而不是结果。

——布鲁纳《发现的行为》

在教育中应该尽量鼓励个人发展的过程。应该引导儿童自己进行探讨，自己去推论。给他们讲的应该尽量少些，而引导他们去发现的应该尽量多些。

——斯宾塞《教育论》

比较聪明的教师注意系统地引导学生利用过去的功课来帮助理解目前的功课，并利用目前的功课加深理解已经获得的知识。

——杜威《民主主义与教育》

导师应该记住，他的工作不是要把世上可以知道的东西全部教给学生，而在于使得学生爱好知识，尊重知识；在使学生采用正当的方法去求知，去改进他自己。

——洛克《教育漫话》

如果学生们无论在口头上或笔头上，均按所出的题目互相竞争地练习，他们的学习将会获得极大的成功。他们通过各种机会和自己的经验，每个人都会发现许多东西。

——伊拉斯谟《论词语的丰富》，《中世纪教育文选》

如果我们要学习的所有东西都必须不断地重新发明和日益更新，那么教学就变成了教育，而且就越来越变成了学习。如果学习包括一个人的整个一生（既指它的时间长度，也指它的各个方面），而且也包括全部的社会（既包括它的教育资源，也包括它的社会的和经济的资源），那么我们除了对"教育体系"进行必要的检修以外，还要继续前进，达到一个学习化社会的境界。因为这些都是教育将来所要面临的挑战。

——富尔《学会生存》

对于教育性教学来说，一切都取决于其所引起的智力活动。凡不能激发每个学生智力活动的一切，根本不会为他们所重视，而也许会被视为负担。

——赫尔巴特《教育学讲授纲要》，《普通教育学·教育学讲授纲要》

致知之途有二：曰学，曰思。学则不恃己之聪明，而一惟先觉之是效。思则不循古人之陈迹，而任吾警悟之灵……学非有碍于思，而学愈博则思愈远；思正有功于学，而思之困则学必勤。

——王夫之《四书训义》

问题不在于教他各种学问，而在于培养他有爱好学问的兴趣，而且在这种兴趣充分增长起来的时候，教他以研究学问的方法。毫无疑问，这是所有一切良好的教育的一个基本原则。

——卢梭《爱弥儿》

对学科而言，最主要的，莫过于它的思考方法。在学科的教学中，最重要的莫过于尽早向儿童提供学习的那个思考方法——与之相配的联系的形式、看法、希望、笑料与挫折的机会。简言之，对某学科最好的介绍就是该学科本身。我认为，一开始就应该让儿童去解题、去猜想、去争论，这才是做到了介绍学科的点子上。

——布鲁纳《教育的适合性》，《布鲁纳教育论著选》

我们必须认识到，教育应该为学生提供各种机会，使他积极参与，并专心一意地处理他感兴趣的、与他密切相关的事情，尤其是要学会如何有效地从事这类活动。

——泰勒《课程与教学的基本原理》

一开始就应该给年幼的学习者有解决问题的机会，让他们去推测，去争辩，因为这些事情都是这个学科要做的核心的事情。

——布鲁纳《布鲁纳教育论著选》

任何有矫正作用的控制都会带来这样的危险性：使得学习者变得长期地依赖于导师的矫正。导师必须以某种方式去矫正学习者，但最终要让学习者自己能作出矫正。否则，教学的结果便是造成这样一种掌握知识的形式，即永远依赖于教师的形式。

——布鲁纳《教育论探讨》

教育过程的核心在于为受教育者提供帮助和对话的机会，以便他把具体经验译为更加有力的标志系统和更有次序的体系。

——布鲁纳《教育论探讨》，《布鲁纳教育论著选》

教师的工作应主要是想方设法唤起各种各样的力量，用推动思考力的方法，用赋予思考力以活跃、敏捷、持续和多样性想象的方法，来充实外部世界的创造性作用。

——赫尔巴特《赫尔巴特文集》

与其让孩子按照句型造各样的句子，熟练日常计算，为通过考试而做各种习题，通过改换讲法以取得更多的笔试分数，按道德和训练规则把孩子培养成有小聪明的小才子，不如把他们培养成能够自我创造、自我发现、自我行动的孩子。这样的孩子才能成大器。自己下工夫掌握学习知识的本领要比鹦鹉学舌般地背诵教材重要得多。

——小原国芳《小原国芳教育论著选》

与其把学生当作天津鸭儿填入一些零碎知识，不如给他们几把钥匙，使他们可以自动地去开发文化的金库和宇宙之宝藏。

——陶行知《育才十字诀》，《陶行知文集》

事怎样做就怎样学，怎样学就怎样教；教的法子要根据学的法子，学的法子要根据做的法子。

——陶行知《教学做合一》，《陶行知教育文选》

唱无遇，无所用，若碑。和无遇，使也，不得已。唱而不和，是不学也。智少而不学，必寡。和而不唱，是不教也。智而不教，功适息。

——墨翟《墨子·经说下》

我以为好的先生不是教书，不是教学生，乃是教学生学。教学生学有什么意思呢？就是把教和学联络起来：一方面要先生负指导的责任，一方面要学生负学习的责任。对于一个问题，不是要先生拿现成的解决方法来传授学生，乃是要把这个解决方法如何找来的手续程序，安排停当，指导他，使他以最短的时间，经过相类的经验，发生相类的联想，自己将这个方法找出来，并且能够利用这种经验联想来找到别的方法，解决别的问题。

——陶行知《教学合一》，《陶行知教育文选》

夫德不优者，不能怀远；才不大者，不能博见。故多闻博识，无顽鄙之訾；深知道术，无浅暗之毁也。

——王充《论衡·别通》

是以目不能二视，耳不能二听，手不能二事。一手画方，一手画圆，莫能成。人为小易之物，而终不能成，反天之不可行，如是。是故古之人，物而书文，止于一者，谓之忠；持二中者，谓之患；患，人之中不一者也。不一者，故患之所由生也。是故君子贱二而贵一。

——董仲舒《春秋繁露·天道无二》

善学者，师逸而功倍，又从而庸之；不善学者，师勤而功半，又从而怨之。善问者如攻坚木，先其易者，后其节目，及其久也，相说以解。不善问者反此。善待问者如撞钟，叩之以小者则小鸣，叩之以大者则大鸣，待其从容，然后尽其声。不善答问者反此。此皆进学之道也。

——《礼记·学记》

在学校时，于社会应有之知识研究有素，毕业后断不患无人用之；在学校养成一种活动之能力……

——梁启超《中国教育之前途与教育家之自觉》

我们要有自己的经验做根，以这经验所发生的知识做枝，然后别人的知识方才可以接上去，别人的知识方才成为我们知识的一个有机体部分。

——陶行知《伪知识阶级》，《陶行知教育文选》

在学校不能单靠教科书和教习。讲堂功课固然要紧，自动自习，随时注意自己发现求学的门径和学问的兴趣，更为要紧。

——蔡元培《对于学生的希望》，《蔡元培教育论集》

古之学者，虽问以口，而其传以心；虽听以耳，而其受以意。故为师者不烦，而学者有得也。以谓其问之不切，则其听之不专；其思之不深，则其取之不固。不专不固，而可以人者，口耳而已矣。吾所以教者，非将善其口耳也。

——王安石《王文公文集》

儿童如果看出了谈话是由问答组成的，他自己也有了发问与答复问题的习惯，他便学会了推理的程序，即辩证术的初步。不过应该教他提出合理的问题，给予直接的答复。并且不要离开当时的论点。

——夸美纽斯《大教学论》

无论是课堂教学还是学习都要开动脑筋。学生必须把学到的知识用口头表达出来，所有的学生都必须做到这一点，无一例外，必须用自己的话表达出来。

——第斯多惠《德国教师培养指南》

不让学生复述课文必然扼杀学生讲话的能力。只顾叫学生坐着听课，这简直是尸位素餐，误人子弟，必将受到社会的谴责！

——第斯多惠《德国教师培养指南》

在劳力上劳心，是一切发明之母。事事在劳力上劳心，便可得事物之真理。

——陶行知《在劳力上劳心》，《陶行知教育文选》

光劳心不劳力，把心吊在半空中，光用脑不用手，瞧不起用手的人，在我们的社会里是行不通的；光劳力不劳心，也会变成狭窄的经验主义者，所以劳心必须和劳力并进，手和脑应并用。

——徐特立《劳力与劳心并进，手和脑并用》，《徐特立教育文集》

人们最初的知识和最牢固地保持的知识，是关于怎样做（how to do）的知识。例如，怎样走路、怎样谈话、怎样读书、怎样写字、怎样溜冰、怎样骑自行车、怎样操作机器、怎样运算、怎样赶马、怎样售货、怎样待人接物，等等。应该认识到，自然的发展进程总是从包含着从做中学（leasning by doing）的那些情境开始。

——杜威《民主主义与教育》

真实学问不在书本上，而在事事物物上，故称求学为读书，实为错误。书本上的，是间接的知识；眼前事事物物，才是直接的知识。而且知识只是人生处世需要的一部分，还有一部分技能，绝非读书所能得到。单靠读书，欲求得实用的知识和技能，有人说，只等于陆地上学泅水，是万万学不成的。故欲得真实学问，必须在书本以外，就各人环境的接触，或生活的需求，用种种方法，研究最适当的处理方法，这就是真实学问。

——黄炎培《告宁属青年同学与爱护青年同学者书》，《黄炎培教育文选》

为学之实，固在践履。苟徒知而不行，诚与不学无异。然欲行而未明于理，则其践履者又未知其果为何事也。

——朱熹《答曹元可书》

一个有经验的教师，并不让学生花专门的工夫去记诵规则和结论：对事实的思考，同时也就是对概括的逐步的识记。思考和熟记的统一表现得越鲜明，学生的知识就越自觉，他把知识运用于实践的能力就越强。

——苏霍姆林斯基《给教师的建议》

真正有用的训练，是理解若干一般原则，对于这些原则在各种具体情况下的应用有彻底的基础训练。在以后的实践中，人们将遗忘你教给他的个别细节；但是他们将无意识地牢记如何把原则应用于直接的情境。

——怀特海《教学的目的》，《西方现代教育论著选》

致知者，以为力行也，今人言致知，多不及力行，岂非好言精微，反遗却平实？

——张履祥《愿学记一》

不闻不若闻之，闻之不若见之，见之不若知之，知之不若行之，学至于行之而止矣。故闻之而不见，虽博必谬；见之而不知，虽识必妄；知之而不行，虽敦必困。

——荀况《荀子·儒效》

学以求知之，求知之者，因将以力行之也。能力行焉，而后见闻讲习之非虚，乃学之实也。

——王夫之《四书训义》

心中醒，口中说，纸上作，不从身上习过，皆无用也。

——颜元《存学编》

知是行的主意，行是知的功夫，知是行之始，行是知之成。

——王守仁《王文成全书》

人类必须尽可能研究天、地、橡树和山毛榉之类的东西，去学会变聪明，而不依靠书本学习；就是说，他们必须学会了解并考察事物本身，不是别人对事物所作的观察。

——夸美纽斯《大教学论》

问学如登塔，逐一层登将去。上面一层，虽不问人，亦自见得。若不去实踏过，却悬空妄想，便和最下底层不曾理会得。

——朱熹《朱子语类》

……真正的教育，必须使学者和人民万物亲近。与人民亲近是"做"人的第一步，与万物亲近是"格物"的大门口。

——陶行知《第二年的晓庄》，《陶行知教育文选》

办职业教育，万不可专靠想，专靠说，专靠写，必须切切实实去"做"。原来一切教育，都没有允许我们凭空想，说空话，写空文章的；不过职业教育，尤其重要。因为职业教育的目标，很简单，很分明，是给人家一种实际上服务的技能，得了以后，要去实地应用的。

——黄炎培《怎样办职业教育》，《黄炎培教育文选》

学校课程的宗旨不在于培养能在测验中取得高分的人，而在于促使我们关切自己与他人，帮助我们在公共领域成为致力于建设民主社会的公民，在私人领域成为对他人负责的个体，运用智力、敏感与勇气去思考和行动。

——派纳《理解课程》

以世界为惟一的书本，以事实为惟一的教材。使你的学生去观察自然的种种现象，不久以后就可使他变得非常好奇；不过，为了培养他的好奇心，就不能那么急急忙忙地去满足他的好奇心。你提出一些他能理解的问题，让他自己去解答。要做到：他所知道的东西，不是由于你的告诉而是由于他自己的理解知道的。不要教他这样那样的学问，而要由他自己去发现那些学问。

——卢梭《爱弥儿》

初步教学的责任是要教儿童真实地观察，要以尽可能完全的、真实的、鲜明的形象来丰富他的心灵。这些形象以后成为儿童思维过程的要素。如果教学要求发展儿童的智慧，就应该锻炼他们的观察能力。

——乌申斯基《〈祖国语言〉教学指南》，《西方资产阶级教育论著选》

从观察中不仅可以汲取知识，而且知识在观察中可以活跃起来，知识借助观察而"进入周转"，像工具在劳动中得到运用一样。如果说复习是学习之母，那么观察就是思考和识记知识之母。一个有观察力的学生，绝不会是学业成绩落后或者文理不通的学生。

——苏霍姆林斯基《给教师的建议》

儿童的天性明显地要求直观性。教儿童五个他所不认识的字，他将会长久地、徒劳地受这几个字的折磨；但是，如果你把二十个这一类的字和图画联系起来，儿童就会飞快地掌握它们。你向儿童讲解很简单的意思，他不懂你所讲的；如果你对同一儿童讲解一幅复杂的图画，他很快就了解了。

——乌申斯基《〈祖国语言〉教学指南》，《西方资产阶级教育论著选》

知识的开端永远必须来自感官。在可能的范围以内，一切事物都应该尽量地放到感官跟前。

——夸美纽斯《大教学论》

由于一切都是通过人的感官而进入人的头脑的，所以人的最初的理解是一种感性的理解，正是有了这种感性的理解做基础，理性的理解才得以形成。所以说，我们最初的哲学老师是我们的脚、我们的手和我们的眼睛。

——卢梭《爱弥儿》

无论什么科学，从比较而分，诸位实地考察，得益恐怕胜于书本。

——蔡元培《在绍兴五师五中女师联合大会演说词》，《蔡元培教育论集》

较好的是思索者。因为能用自己的生活思考，但还不免是空想，所以更好的是观察者，他用自己的眼睛去读世间这一部活书。

——鲁迅《读书杂谈》，《鲁迅的教育思想和实践》

凡论事者，违实不引效验，则虽甘义繁说，众不见信。论圣人不能神而先知，先知之间，不能独见，非徒空说虚言，直以才智准况之工也。事有证验，以效实然。

——王充《论衡·实知》

夫陆王之学，质而言之，则直师心自用而已，自以为不出户可以知天下，而天下事与其所谓知者，果相合否？不径庭否？不复问也。自以为闭门造车，出而合辙，而门外之辙与其所造之车果相合否？不龃龉否？又不察也。

——严复《救亡决论》

吾人为学穷理，志求登峰造极，第一要知读无字之书……徒向书册记载中求者，为读第二手书矣，读第二手书者，常常有误……

——严复《西学通门径功用说》

经学以能通大义为主，不取琐屑；史学以贯通古今为主，不取空论；性理之学以践履笃实为主，不取矫伪；经济之学以知今切用为主，不取泛滥；词章之学以翔实尔雅为主，不取浮靡；士习以廉谨厚重为主，不取嚣张。其大皆总以博约兼资，文行并美为要规。

——张之洞《张文襄公奏稿》

夫学问思辨行，皆所以为学，未有学而不行者也。如言学孝，则必服劳奉养，躬行孝道，而后谓之学，岂徒悬空口耳讲说，而遂可以谓之学孝乎？学射，则必张弓挟矢，引满中的。学书，则必伸纸执笔，操觚染翰。尽天下之学，无有不行而可以言学者。则学之始，固已即是行矣。笃者，敦实笃厚之意，义行矣，而敦笃其行，不息其功之谓尔。

——王守仁《王文成全书·传目录》

无论如何也要力争全面激发学生，在现有的条件下尽可能扩大培养范围，万不可盲目陷入限制学生智力的片面性中去，要把思想落实在行动上，尤其是教师本人。培养的目的不在于传授知识的多少，而在于彻底掌握和运用所学到的知识。

——第斯多惠《德国教师培养指南》

儿童教育中所教的主要概念要少而重要，还要使它们尽可能集合成各种组合。儿童应该使这些概念成为他自己的概念，并且应该懂得这些概念此时此地在他实际生活环境中的应用。儿童应该从他一开始受教育就体验到发现的愉快。

——怀特海《教学的目的》，《西方现代教育论著选》

我所施行的教育，其精神不是要教孩子以很多的东西，而是要让他头脑中获得完全正确的和清楚的观念。我之所以向他的头脑中灌输真理，只是为了保证他不在心中装填谬误。

——卢梭《爱弥儿》

研究科学不是凭空创造，所以需要实践和学习，同时要吸收过去人类历史的科学遗产。我们要反对经院学派式的博学鸿才，成为述而不作无批判的客观主义……同时要反对不读书，不细心研究，无知妄作，专发空论。

——徐特立《怎样进行自然科学的研究》，《徐特立教育文集》

人须在事上磨炼做功夫，乃有益。若只好静，遇事便乱，终无长进。

——王守仁《王文成全书》

教师的艺术是：绝不要让学生把注意力放在那些无关紧要的琐碎的事情上，而要不断地使他接触他将来必须知道的重大关系，以便使他能够正确地判断人类社会中的善恶。

——卢梭《爱弥儿》

除了上述校内的经常性操练之外，还有另外的机会从校外游乐中获得经验。当春光明媚、天气晴朗的时候，如果不走出校门，观看大自然的丰富多彩，与天地同乐，那将是对大自然的伤害和冷漠。

——弥尔顿《论教育》

学者只守一乡，则滞于一曲，隘吝卑陋。必游四方，尽见人情物态，南北风俗，山川气象，以广其闻见，则为有益于学者矣。

——胡瑗《安定言行录》

游历在年轻人是教育的一部分；在年长的人是经验的一部分。还未学会一点某国的语言而即往某国游历者可说是去上学，而不是去游历。少年人应当随着导师或带着可靠的从者去游历……

——培根《培根论说文集》

读书是开拓知识的门径，而且是一种非常高雅的爱好。如果到谁家做客，屋里没有书，就好像走进了沙漠。读书能净化道德生活。

——小原国芳《小原国芳教育论著选》

人不博览者，不闻古今，不见事类，不知然否，犹目盲、耳聋、鼻痈者也。故入道弥深，所见弥大。夫人含百家之言，犹海怀百川之流也，不谓之大者，是谓海小于百川也，夫海大于百川也。人皆知之，通者明于不通，莫之能别也。

——王充《论衡·别通》

一个从来没有读过西方世界里任何伟大的书的人，怎能称得上受过教育呢？

教育箴言

         ——赫钦斯《普通教育》，《西方现代教育论著选》

  人文是经典的宝库，如果只留给最配得到它的那种人，这个世界将依然如故。相反，如果人们致力于教导那些愚昧的人呢？我们将看到一个新世界。

         ——阿兰《教育漫谈》，《世界教育名著通览》

  我很早就学会了读书。书籍成了我的快乐的源泉，我一本接一本地贪婪地读着。书把整个世界展现在我的面前。

      ——克鲁普斯卡雅《我的生活道路》，《克鲁普斯卡雅教育文选》

  人类统治万物的权力肯定深藏在知识中。在知识里边蕴藏着许多东西，这些东西是帝王的财宝所不能购买，他们的势力所不能指挥的；他们的情报员得不到这些东西的消息，他们的海员和探险家也不能驶向这些东西生长之地。

        ——转引自法灵顿《弗兰西斯·培根》

  知之者不如好之者，好之者不如乐之者。

           ——孔子《论语·雍也》

  生而知之者，上也；学而知之者，次也；困而学之，又其次也；困而不学，民斯为下矣。

           ——孔子《论语·季氏》

  学果可以致明而致知，则好学者可不谓之近智乎？

           ——陆九渊《陆九渊集》

  愚而不学，则益其愚；智而不学，则失其智。

           ——张履祥《愿学记一》

  求知识是需要读书，但如果只有书本知识，那只是书柜子罢了，算不得有头脑的人。书上的知识，必须经过自己劳动实践去体验，那才能够接受和消化，才能够成为我自己有血有肉的知识。

     ——徐特立《解答关于教育方针的几个问题》，《徐特立教育文集》

  孩子最初阅读和吸收哪一类书籍是十分重要的？不正经的谈话毁坏心灵，不正经的书籍毁坏心灵的程度并不比它稍差。没有声息的文字会转变成为态度和情绪，特别是当它们碰上一个有某种缺点的天然性格的时候更会如此。

    ——伊拉斯谟《一个基督教王子的教育》，《中世纪教育文选》

  阅读应当成为孩子掌握知识的极为巧妙的工具，同时又是丰富的精神生活的源泉。

        ——苏霍姆林斯基《把整个心灵献给孩子》

51

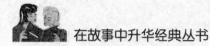

所以观书者，释己之疑，明己之未达，每见每知所益，则学进矣。于不疑处有疑，方是进矣。

——张载《经学理窟·义理》

在可疑而不疑者，不曾学，学则须疑。譬之行道者，将之南山，须问道路之出。自若安坐，则何尝有疑？

——张载《经学理窟·学大原》

读书始读，未知有疑，其次则渐渐有疑，中则节节是疑。过了这一番，疑渐渐释，以至融会贯通，都无可疑，方始是学。

——朱熹《宋元学案·晦翁学案》

为学患无疑，疑则有进。小疑则小进，大疑则大进。

——陆九渊《陆九渊集》

读书无疑者，须教有疑；有疑者，却要无疑，到这里方是长进。

——朱熹《朱子语类》

不要为了辩驳而读书；也不要为了信仰与盲从；也不要为了言谈与议论；要以能权衡轻重、审察事理为目的。有些书可供一尝，有些书可以吞下，有不多的几部书则应当咀嚼消化；这就是说，有些书只要读读它们的一部分就够了；有些书可以全读，但是不必过于细心地读；还有不多的几部书则应当全读，勤读，而且用心地读。

——培根《培根论说文集》

为学之道，莫先于穷理；穷理之要，必在于读书；读书之法，莫贵于循序而致精；而致精之本，则又在于居敬而持志。

——朱熹《性理精义》

某此间讲说时少，践履时多，事事都用你自去理会，自去体察，自去涵养，书用你自去读，道理用你自去究索。某只是做得个引路的人，做得个证明的人，有疑难处，同商量而已。

——朱熹《朱子语类》

不学不问不能知也。不学自知，不问自晓，古今行事未之有也。故智能之士，不学不成，不问不知。人才有高下，知物由学，学之乃知，不问不识。

——王充《论衡·实知》

且中土之学，必求古训，古人之非，即不能明，即古人之是，亦不知其所以是。记论词章既已该，训诂注疏又甚拘。

——严复《原强》

学之之博，未若知之之要；知之之要，未若行之之实。

　　　　　　　　　　　　　　　——朱熹《朱子语类》

　　要使动手的读书，读书的动手。把读书和做工两下拼起家来。要使人们明了世界文明，是人类手和脑两部分联合产生出来。做工自养，是人民最高尚最光明的生活。

　　　　　　——黄炎培《职业教育该怎样办》，《黄炎培教育文选》

　　博学之，审问之，慎思之，明辨之，笃行之。果能此道矣，虽愚必明，虽柔必强。

　　　　　　　　　　　　　　　　　　——《礼记·中庸》

　　余尝谓读书有三到，谓心到、眼到、口到。心不在此，则眼看不仔细。心眼既不专一，却只漫浪诵读，决不能记。记，亦不能久也。三到之中，心到最急。心既到矣，眼口岂有不到者乎？

　　　　　　　　　　　　　　　——朱熹《童蒙须知》

　　注意是我们心灵的惟一门户，从外部世界进入意识中的一切，都必定要通过这个门户；所以学习的时候，任何一个字也不能绕过这个门户，否则就不能进入儿童的心灵。显然，教会儿童把这个门户敞开是首要的事情，能够这样，一切学习就有了成功的基础。

　　　　——乌申斯基《〈祖国语言〉第一册教学指南》，《乌申斯基全集》

　　就像热爱和崇拜那些有学问的人一样，我热爱和崇拜知识。事实上，知识的获得是人类最崇高最有力的获得。但是，有些人（这个数字是很大的）只具备这点能力，他们只会依赖他们的理解力和记忆力，躲在别人的保护伞下，除了书本知识之外，什么也不知道。我不喜欢这样，如果我可以发表意见，我要讲这几乎和愚蠢相差无几。

　　　　　　　　　　——蒙田《讨论的技术》，《中世纪教育文选》

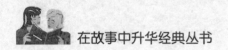

五、培养有道德有情感的人

智慧和道德，恰像人的两部分，各有各的作用，所以不能说哪个重要，哪个不重要。如果不是两者兼备，就不能算作完人。

——福泽谕吉《文明论概略》

有智慧而缺乏道德之心的人，等于禽兽，非人也；只修养道德而没有智慧的人，等于石菩萨，也不能称其为人。

——福泽谕吉《福泽谕吉教育论集》

我认为，与美德在一起的学问要比国王的全部宝藏还要珍贵。

——转引自奥西诺夫斯基《托马斯·莫尔传》

美德有两种，即心智方面的和道德方面的。心智方面的美德的产生和发展大体上归功于教育（因此它需要经验和时间）；而道德方面的美德乃是习惯的结果。

——亚里士多德《尼各马科伦理学》，《古希腊教育论著选》

德者业之本，业者德之著。德益进则业益修，业益修则德益盛。二者亦交养互发，实是一种工夫。

——张履祥《杨园先生全集》

德行愈高的人，其他一切成就的获得也愈容易。因为凡是能够尊重德行的人，对于一切合于自己的事是不会采取一种执拗或倔强的态度的。

——洛克《教育漫话》

如果学习不能使我们的心灵高尚，不能使我们的判断精确，那么，我宁愿叫我的学生把时间用于打网球，这样至少可以使他身心愉快。请看，在学究培养下十五六年的学生回来后，他们不适合做任何工作。你看到的惟一好处是，希腊文和拉丁文使他们比离家时更加自负和骄傲。

——蒙田《论学究气》，《中世纪教育文选》

正义和一切其他德行都是智慧，因为正义的事和一切道德的行为都是美而好的；凡认识这些事的人决不会愿意选择别的事情；凡不认识这些事的人也决不可能把它们付诸实践……所以，智慧的人总是做美而好的事情，愚昧的人则不可能做美好的事，即使他们试着去做，也是要失败的。

——转引自色诺芬《回忆苏格拉底》

知情意的教育是整个的，统一的。知的教育不是灌输儿童死的知识，而是同时引起儿童的社会兴趣与行动的意志。情育不是培养儿童脆弱的感情，而是调节并启发儿童应有的感情，主要的是追求真理的感情；在感情之调节与启发中使儿童了解其意义与方法，便同时是知的教育；使养成追求真理的感情并能努力与奉行，便同时是意志教育。意志教育不是发扬个人盲目的意志，而是培养合乎于社会及历史发展的意志。现在我们要求在统一的教育中培养儿童的知情意，启发其自觉性，使其人格获得完备的发展。

——陶行知《育才学校教育纲要草案》，《陶行知文集》

因为道德的过程就是经验不断从坏经验转变为好经验的过程，所以，教育的过程和道德的过程是完全一致的。

——杜威《哲学的改造》，《杜威教育论著选》

道德教学的重大任务就是启发儿童的道德知性，锻炼坚强的意志，陶冶纯美的情操。这些多半也要求于其他教学科目以及整个教育或校外活动。

——小原国芳《小原国芳教育论著选》

我得立刻承认，不存在"无教学的教育"。这个概念，正如反过来，我不承认有任何"无教育的教学"一样。

——赫尔巴特《普通教育学》，《普通教育学·教育学讲授纲要》

让学生体验到知识、智力生活是他的一种道德尊严。教师要这样来教育学生：造成一种风气，使他们感到不学无术、对书籍冷眼相看是不道德的。

——苏霍姆林斯基《给教师的建议》

知有合群之独立，则独立而不轧轹；知有制裁之自由，则自由而不乱暴；知有虚心之自信，则自信而不骄盈；知有爱他之利己，则利己而不偏私；知有成立之破坏，则破坏而不危险。

——梁启超《十种德性相反相成义》

性为最初之生理，而善与不善皆后起之分涂也。

——王夫之《四书训义》

善非固有，恶非固有，仁义、廉耻、诈贼、狠忌非固有。

——龚自珍《壬癸之际胎观第七》

只有在适当的时期和机会，对于适当的人和对象，持适当的态度去处理，才是中道。亦即最好的中道。这是德性的特点。勇敢过度为鲁莽，不及为怯懦；节制过度为麻木，不及为放荡；乐施过度为挥霍，不及为吝啬；慷慨过度叫无风度或粗俗，不及为卑鄙；自豪过度叫虚荣，不及叫卑贱。

——亚里士多德《尼各马科伦理学》，《西方伦理学名著选辑》

恻隐之心，仁之端也；羞恶之心，义之端也；辞让之心，礼之端也；是非之心，智之端也。人之有是四端也，犹其有四体也。有是四端而自谓不能者，自贼者也……

——孟轲《孟子·公孙丑上》

君子有三乐，而王天下不与存焉。父母俱存，兄弟无故，一乐也。仰不愧于天，俯不怍于人，二乐也。得天下英才而教育之，三乐也。

——孟轲《孟子·尽心上》

君子之所以教者五：有如时雨化之者，有成德者，有达财者，有答问者，有私淑艾者。此五者，君子之所以教也。

——孟轲《孟子·尽心上》

君子有九思：视思明，听思聪，色思温，貌思恭，言思忠，事思敬，疑思问，忿思难，见得思义。

——孔子《论语·季氏》

古之学者为己，今之学者为人。君子之学也，以美其身；小人之学也，以为禽犊。

——荀况《荀子·劝学》

富贵不能淫，贫贱不能移，威武不能屈，此之谓大丈夫。

——孟轲《孟子·滕文公下》

良知之在人心，不但圣贤，虽常人亦无不如此。若无有物欲牵蔽，但循着良知发用流行将去，即无不是道。

——王守仁《王文成全书》

是非之心，不待虑而知，不待学而能，是故谓之良知。

——王守仁《王文成全书》

天将降大任于斯人也，必先苦其心志，劳其筋骨，饿其体肤，空乏其身，行拂乱其所为，所以动心忍性，曾益其所不能。

——孟轲《孟子·告子下》

少年立志要远大，持身要紧严。立志不高，则溺于流俗；持身不严，则入于匪辟。

——张履祥《初学备忘上》

当使若二士者，言必信，行必果，使言行之合，犹合符节也，无言而不行也。

——墨翟《墨子·兼爱下》

一目之视也，不若二目之视也；一耳之听也，不若二耳之听也；一手之操也，不若二手之强也。夫唯能信身而从事，故利若此。

——墨翟《墨子·尚同下》

鱼，我所欲也；熊掌，亦我所欲也。二者不可得兼，舍鱼而取熊掌者也。生，亦我所欲也；义，亦我所欲也。二者不可得兼，舍生而取义者也。

——孟轲《孟子·告子上》

老吾老，以及人之老；幼吾幼，以及人之幼。天下可运于掌。

——孟轲《孟子·梁惠王上》

见疾不疾，是为长恶；见善不从，是为弃善，损于己亦损于人。

——张履祥《愿学记一》

善恶要知，更要断。知一善，则断然为之；知一恶，则断然去之。庶乎善日积而恶日远也。

——颜元《颜习斋先生言行录·理欲》

我有耳目，我有心思，生今日光明灿烂之世界，罗列中外古今之学术，坐于堂上而判其曲直。可者取之，否者弃之。斯宁非丈夫第一快意事耶。

——梁启超《保教非所以尊孔论》

自治以此，治人即以此，使天下相习于善，而预远其引蔽习染。

——颜元《存性编》

心灵最好是通过和风细雨般的浸润的方式，用种种的感受来培养。通过开始时适合小孩年龄，随着年龄增长而不断给予纠正的道德学来培养。

——赫尔巴特《赫尔巴特文集》

教育使人获得内部的和精神的自由，换句话说，就是通过知识、理智、善良意志和爱获得幸福。

——马里坦《教育处在十字路口》

我们要学会研究自己。一个人听到正确的话时，立刻就会考虑它也合适自己。一个人听到批评自己愚蠢的话，立刻就会认为不是好话。当人们接受了真理的劝告和教训时，却又认为这些劝告和教训好像是针对普通大众的，与自己无关。而且，人们不是把这些劝告和教训体现在行动上，却只是保存

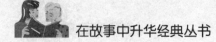
在记忆里。这真是既愚蠢又没用。

——蒙田《论习惯》,《中世纪教育文选》

尽管我并不以为我们人中间有谁知道什么真正美、真正好的东西,可我还是比他好一点,因为他一无所知,却自以为知道,而我既不知道,也不自以为知道。在这一点上,我似乎比他稍有高明之处。

——柏拉图《申辩篇》,《古希腊教育论著选》

人生天地间,为人自当尽人道。学者所以为学,学为人而已,非有为也。

——陆九渊《陆九渊集》

学须反己。若徒责人,只见得人不是,不见自己非。若能反己,方见自己有许多未尽处,奚暇责人?

——王守仁《王文成全书》

少年之日,先要识得人之贤否,事之善恶,言之是非,则心术自能向正,虽离父母师傅,亦可不至于邪慝矣。谚云:知好恶。此其实也。

——张履祥《初学备忘上》

人不知学,其任智自以为人莫及,以理观之,其用智乃癫耳!

——张载《经学理窟·义理》

熹窃观古昔圣贤所以教人为学之意,莫非使之讲明义理,以修其身,然后推以及人。

——朱熹《白鹿洞书院教条》

古之君子,其责己也重以周,其待人也轻以约,重以周,故不怠。轻以约,故人乐为善。

——韩愈《韩昌黎文集·原毁》

道德准则,只有当它们被学生自己去追求、获得和亲身体验过的时候,只有当它们变成学生独立的个人信念的时候,才能真正成为学生的精神财富。

——苏霍姆林斯基《给教师的建议》

许多事情他都应该信托他自己的行动去应付,因为他不能永远受人监护,只有你给他的良好原则与牢固习惯,才是最好的,最可靠的,所以也是最应该注重的。因为一切告诫与规则,无论如何反复叮咛,除非行成了习惯,全是不中用的。

——洛克《教育漫话》

良好的习惯乃是人在其神经系统中所存放的道德资本；这个资本不断地在增值，而人在其整个一生中就享受着它的利益。如果良好的习惯是一种道德资本，那么，在同样的程度上，坏习惯就是道德上的无法偿还的债务了。这种债务能够用不断增长的利息去折磨人，去麻痹他的最好的创举，并使他达到道德破产的地步。

——乌申斯基《人是教育的对象》

　　我的基本原则（我认为这不仅是我个人的基本原则，也是所有苏维埃教师的基本原则）永远是尽量多地要求一个人，同时也要尽可能多地尊重他。实在说，在我们的辩证法里，这两者是一个东西：对我们所不尊重的人，不可能提出更多的要求。

——马卡连柯《马卡连柯教育文集》

　　信托，世界上的信托，由于它，人类才存在；它是教育关系的最具有内在意义的成就。

——布贝尔《人与人之间》

　　社会的人不可能脱离日常语言交往，日常语言的特点是交往理性基础上的相互理解。其实（交往理性）很简单，例如，我们平时说话，说的都是真话、正确的话（否则人便无法相互理解）。

——哈贝马斯《作为将来的过去》

　　多年的经验使我懂得了一个道理，我认为这个道理是教育工作中最重要的规律之一：要教育孩子，要使他以自己的发奋努力、克服重重困难的高昂代价去赢得精神财富。

——苏霍姆林斯基《少年的教育和自我教育》

　　不言而喻，教育的最重要阶段是幼年少年时期。尤其是德育，由于以培养习惯为主，所以必须在他心地未开辟之前，千方百计地向善良方向引导，这是众所周知的道理。不过，正像我常说的那样，德育贵在身教而不在言教，要培养孩子的道德观念，只靠教师的讲授不足以奏效，父兄的训诫也很难成功。最重要的是教育者本身是一位有德行的人，只有教育者躬身实践，为孩子做出榜样，才能使受教育者在潜移默化中形成一种良好的道德习惯。

——福泽谕吉《福泽谕吉教育论著选》

　　在各种教导儿童以及培养他们的礼貌的方法中，其最简明、最容易而又最有效的办法是把他们应该做或是应该避免的事情的榜样放在他们的眼前。一旦你把他们熟知的人的榜样指给他们看了，同时说明了他们为什么漂亮或丑恶，那种吸引或阻止他们去模仿的力量，是比任何能够给予他们的说教都大的。

——洛克《教育漫话》

儿童的心灵是敏感的，它是为着接受一切好的东西而敞开的。如果教师引导儿童学习好的榜样，鼓励仿效一切好的行为，那么，儿童身上的所有缺点就会没有痛苦和创伤地、不觉得难受地逐渐消失。

——苏霍姆林斯基《要相信孩子》

教师必须帮助儿童考虑真正的道德冲突，考虑他们用以解决这些冲突的推理，认清儿童思维方式中的前后矛盾和不当之处，并设法找出解决矛盾的方法……

——柯尔伯格《道德教育的哲学》

在道德教育方面，只有一条既适合于孩子，而且对各种年龄的人来说都最为重要，那就是：绝不损害别人。

——卢梭《爱弥儿》

导师的重大的工作在于养成学生的风度，形成学生的心理，在使学生养成良好的习惯，怀抱德行与智慧的原则；在逐渐将人世的真情实况显示给学生，在使学生喜爱并且模仿优良的与值得被人称誉的行为；在当学生正做这种行为的时候，给他力量和鼓励。

——洛克《教育漫话》

染于苍则苍，染于黄则黄，所入者变，其色亦变。五入必，而已则为五色矣。故染不可不慎也。非独染丝然也，国亦有染。非独国有染也，士亦有染。

——墨翟《墨子·有染》

与善人居，如入芝兰之室，久而自芳也；与恶人居，如入鲍鱼之肆，久而自臭也。墨子悲于染丝，是之谓矣。君子必慎交游焉。

——颜之推《颜氏家训·慕贤》

"学校没有纪律犹如磨盘没有水"。这是很对的。因为如果你从磨坊取去了水，磨盘就会停止；同样，如果你从学校取消了纪律，你就是剥夺了它的发动力。

——夸美纽斯《大教学论》

学校纪律，不是一种旨在保证教室表面平静的简单手段，也不是一种允许这项工作四平八稳地滚动下去的手段。它是一种课堂道德，就像社会群体的纪律就是确切意义上的道德一样。每一个社会群体，每一种社会类型，都拥有，而且不能没有自己的道德，这种道德能够表达它自身的特性。

——涂尔干《道德教育》

我是把纪律理解为教育的结果，因此培养纪律的基本方法是整个的教育过程。纪律首先并不是教育的手段，而是教育的结果，以后才能成为一种手段。

——马卡连柯《我的教育观点》，《马卡连柯教育文集》

如果不紧紧而灵巧地抓住管理的缰绳，那么任何课都是无法进行的。这种管理并非要在儿童心灵中达到任何目的，而仅仅是要创造一种秩序。

——赫尔巴特《普通教育学》，《普通教育学·教育学讲授纲要》

每一个人的本分岂不就是把自制看作是一切德行的基础，首先在自己心里树立起一种自制的美德来吗？有哪个不能自制的人能学会任何的好事，或者把它充分地付诸实践呢？

——转引自色诺芬《回忆苏格拉底》

一个不能自制的人和最愚蠢的牲畜有什么分别呢？那不重视最美好的事情，只是竭尽全力追求最大快感的人，和蠢笨的牲畜有什么不同呢？只有能自制的人才会重视实际生活中最美好的事情，对事物进行甄别，并且进行言语和行为，选择好的，避免坏的。

——转引自色诺芬《回忆苏格拉底》

要维持持久的纪律，关键在于要有正确的方法。教师的任务在于使孩子不要混淆好和不动，也不要混淆坏和活动，然而旧的纪律常常把它们混淆。所有这些要求都是因为我们的目的是要建立积极的纪律，工作的纪律，良好的纪律；而不是建立静止不动的纪律，被动的纪律，屈从的纪律。

——蒙台梭利《蒙台梭利方法》，《蒙台梭利幼儿教育科学方法》

奉劝年轻的教师和少先队辅导员：不要急于处罚学生，要好好想一想，是什么促使他犯这种或那种过失的。要是设身处地为孩子们想一想，那么就可相信他们会通过自身的努力来改正错误的。

——苏霍姆林斯基《要相信孩子》

夫过者，自大贤所不免。然不害其卒为大贤者，为其能改也。故不贵于无过，而贵于能改过。

——王守仁《王文成全书》

一切纪律只是自觉的遵守，不是受到无理的外力压迫而遵守。因此，对

61

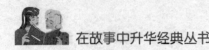

于破坏纪律的学生，不是惩戒而是说服。说服的方法不是由教师片面的注入，而是双方的讨论和研究。不是压下学生坚强意志，而是增加对问题进一步的了解，以正确的知识来克服无知的盲动。

——徐特立《非要惩罚不可吗?》,《徐特立教育文集》

有必要提醒教师注意，在纠正学生错误时，如果过于吹毛求疵，学生就会丧失努力的信心，意志消沉，最后会憎恶他的功课，担心动辄出错，什么功课也不想做。

——昆体良《雄辩术原理》,《昆体良教育论著选》

在培育娇嫩心灵的方面，我谴责一切体罚。塑造心灵为的是荣誉与自由。强迫与压制有着说不出的奴性味儿。我想，凭理性、智慧、灵巧都做不到的事情，借武力也不会取得更大的效果。

——蒙田《我谴责教育上的一切体罚》,《蒙田随笔》

体罚，我决不相信是正当的。轻微形式的体罚虽不致为害，但也没好处;至于严厉形式的体罚，我确信是会产生残忍与暴虐的。

——罗素《论教育》

体罚是权威制度的残余，在时代的意义上说，它已成为死去的东西，它非但不足以使儿童改善行为，相反地，它是将儿童挤下黑暗的深渊。

——陶行知《育才学校教育纲要草案》,《陶行知文集》

儿童的惩罚永远应是他们的过失的自然结果。所以你不必斥责他们的错误，不要严惩他们的谎言;你应运用谎言的恶果以施教。例如，惯于说谎者虽说真话时，人也不再相信他，以后他虽未做坏事，人也归罪于他而有口难辩。当儿童说谎时，应即把这种恶果印入他的脑中。

——卢梭《爱弥儿》

我们想使儿童变成聪明、贤良、磊落的人，用鞭挞以及别种奴隶性的体罚去管教他们是不合适的。反之，用儿童心爱的事物去奖励儿童，去讨取儿童的欢心，也应该同样小心地避免。

——洛克《教育漫话》

对小孩奖励带来的危险不如处罚的危险大，但是奖品对孩子的破坏性影响却是比较不容易显出来的。奖品是多余的，而且是消极性的。为了奖品做一件事，就等于说这件事本身不值得做。

——尼尔《夏山学校》

专属美育的课程，是音乐、图画、运动、文学等。但是美育的范围，并不限于这几个科目，凡是学校所有的课程，都没有与美育无关的。例如数学，仿佛是枯燥不过了；但是美术上的比例、节奏，全是数的关系……

——蔡元培《美育实施的方法》，《蔡元培教育论集》

最好的教导方法，不论是历史、数学或哲学课，都在于让学生意识到其中的美。

——马斯洛《人性能达到的境界》

情感领域包含着那些决定一个人的人生性质并最终决定所有人的人生性质的力量。不打开这个"盒子"，就是否定这些塑造我们每个人人生的强大动机力量的存在。

——布卢姆《教育目标分类学》

美能磨炼人性。一个人如果从童年时期就受到美的教育，特别是读过一些好书，如果他善于感受并高度赞赏一切美好事物，那么，很难设想，他会变成一个冷酷无情、卑鄙庸俗、贪淫好色之徒。美，首先是艺术珍品，能培养细致入微的性格。性格越细致，人对世界的认识越敏锐，从而对世界的贡献也越多。

——苏霍姆林斯基《给儿子的信》

感知和领会美，这是审美教育的基础和关键，是审美素养的核心。

——苏霍姆林斯基《帕夫雷什中学》

美的情感，或者像人们所说的审美情感，是人所特有的本性。这是人区别于动物的根本差别之一。人具有一种欣赏美和创造美的深刻而强烈的需要。但是这并不是说，我们可以指望审美情感会自发地形成。必须进行目标明确的工作来培养学生的情感。

——赞科夫《和教师的谈话》

我认为不会欣赏美的人生就等于沙漠人生。如果我们把一切都作为有人格、有心灵和灵魂的东西来看待，那么人生和自然中的一切事物都变得可爱了，我们的世界自然就会变得广阔深邃。所谓"美把世界从平面变成立体"就是这么一回事。

——小原国芳《小原国芳教育论著选》

没有油画、雕塑、音乐、诗歌以及各种自然美所引起的情感，人生乐趣会失掉一半。所以我们决不认为这些美好的训练和满足无关重要……

——斯宾塞《教育论》

应提倡美育，使人生美化，使人的心灵寄托于美，而将忧患忘却。于学校中可实现者，如音乐、图画、旅行、游戏、演剧等，均可去做，以之代替

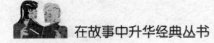

不好的消遣。

——蔡元培《对于学生的希望》，《蔡元培教育论集》

尤其要尊重的是，丰富的艺术乃伟大学问的温床。丰富的感情生活，燃烧着的想象力，正是创造力的源泉。

——小原国芳《小原国芳教育论著选》

孩子的世界就是艺术的世界。所谓艺术，并不是完全脱离我们生活的世界。实际上生活本身就是艺术。在这个意义上讲，孩子的生活比大人的生活更能与艺术一致。

——小原国芳《小原国芳教育论著选》

美育者，应用美学之理论于教育，以陶养感情为目的者也。

——蔡元培《美育》，《蔡元培教育论集》

儿童在入学的时候已经具备了某些审美情感。非常重要的是，从儿童入学一开始，就要从他们已有的审美经验出发并且依靠这些审美经验来进行工作，不要丧失任何一个学周，抓紧培养他的审美情感。

——赞科夫《和教师的谈话》

对周围世界的美感，能陶冶学生的情操，使他们变得高尚文雅，富有同情心，憎恶丑行。

——苏霍姆林斯基《和青年校长的谈话》

有了审美能力，一个人的心灵就能在不知不觉中接受各种美的观念，并且最后接受同美的观念相联系的道德观念。

——卢梭《爱弥儿》

尽力使每一个学生在青少年时期真正地看到田野、树林和河流，到过那些无名的、偏僻的角落，因为正是这些东西的独特的美构成了我们祖国的美。

——苏霍姆林斯基《和青年校长的谈话》

一个受过适当教育的儿童，对于人工作品或自然物的缺点也最敏感，因而对丑恶的东西会非常反感，对优美的东西会非常赞赏，感受其鼓舞，并从中汲取营养，使自己的心灵成长得既美且善。

——柏拉图《理想国》

艺术对人生不但决无害处，而且缺乏艺术和趣味的枯燥人生，特别是道学生活，纯粹是虚伪的人生。道德生活不是排斥艺术的，而必须是包含着艺术。

——小原国芳《小原国芳教育论著选》

艺术不仅作用于学生的理智，而且影响到他的情感。因此，艺术有助于培养信念。越是依靠情感为基础，信念就越是坚定。所以艺术在道德教育中才起着这么巨大的作用。

——赞科夫《和教师的谈话》

我们的年轻人……眼睛所看到的，耳朵所听到的好艺术作品，随处都是；使他们如坐春风如沾化雨，潜移默化，不知不觉之间受到熏陶，从童年时，就和优美、理智融合为一。

——柏拉图《理想国》

儿童阶段文艺教育最关紧要。一个儿童从小受了好的教育，节奏与和谐浸入了他的心灵深处，在那里牢牢地生了根，他就会变得温文有礼；如果受了坏的教育，结果就会相反。

——柏拉图《理想国》

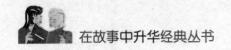

六、校长是学校工作的灵魂

校长是一个学校的灵魂，要想评论一个学校，先要评论它的校长。

——陶行知《半周年的燕子矶国民学校》，《陶行知文集》

校长应该记住，他是全校的核心和支柱。因此，他应该使自己成为道德高尚、笃信宗教和热爱劳动的典范，并在各方面成为活的规则和条例……他应该以精神生活纯洁、对人厚道、履行职责、孜孜不倦和精力充沛来保持自己的威望；他还应该细心观察全体同仁、学校教师和私人教师是否服从他的领导……校长应该像太阳把太空照得四面通明一样，每天都要照亮所有学生的心。

——夸美纽斯《创建纪律严明的学校的准则》，《夸美纽斯教育论著选》

现代学校领导的实质在于，要在教育这项最困难的工作中使那种体现先进教育思想的好经验得以在教师心目中创立、成熟和扎根。而这种经验的创造者，他的劳动可作为其他老师的榜样的人，就应当是学校校长。

——苏霍姆林斯基《把整个心灵献给孩子》

领导学校，首先是教育思想上的领导，其次才是行政上的领导。

——苏霍姆林斯基《和青年校长的谈话》

校长既然是学校这个教育机构的首脑，所以学校事业及办学精神全交由校长掌握……他的工作不是光悠然坐在校长室的椅子上，而是要将教师、学生、家长、社会的力量聚合在一起，首先决定前进的方向。否则，所有的努力结果将化为乌有，或者学校分崩离析。

——小原国芳《小原国芳教育论著选》

如果你担任了校长职务，便认为凭着某种特殊的行政领导才能就可取得成功，那你还是打消当一名好校长的念头吧！

——苏霍姆林斯基《和青年校长的谈话》

民主的校长，也有四种任务：（1）培养在职的教师。教师是从各处来的，校长应负有责任使教师进步；（2）通过教员使学生进步并且丰富地进步；（3）在学校中提拔为老百姓服务的人，如小先生之类；（4）应当将校门打开，运用社会力量，使学校进步；动员学校的力量，帮助社会进步。

——陶行知《实施民主教育的提纲》，《陶行知文集》

学校领导人只有不断完善自己既作为教师又作为教育者的技艺，才能充当教师和学生的优秀而有威信的指导者。一个好校长首先应当是一个好组织者、好教育者和好教师……

——苏霍姆林斯基《帕夫雷什中学》

如果有了好的教育董事会，有了教育局长和校长所进行的优良的领导工作，就会聘用一批出色的教师，而教育的质量最后会随教师的质量转移的。前提是要有明智地领导。

——科南特《今日美国中学》，《科南特教育论著选》

学校生活是一个极其复杂的机体，它是由成千上万的日常小事构成的，而日常小事之间又有着千丝万缕的相互联系，每一件日常小事背后都有客观规律支配着它。校长要善于从日常小事中看出本质。由具体到一般，再由一般到具体，这就需要概括、需要总结。总结就是去把握事物的规律性。校长就是依靠规律性的认识去领导学校工作的。

——苏霍姆林斯基《给教师的建议》

校长要想统领好教师，就要有兼容并包的胸怀，要能洞察每个教师的个性，把握他们的特点，调动发挥他们所有的才干技能。只要能做到这一点，那么教师就成了握在校长手中的利器。一个学校的事业兴旺发达就从这里起步。由于教师也是"人"，所以也有缺点，也许教师还是缺点较多的"人"。校长不能把眼光专盯在教师的每个缺点上，而要尽量背对教师的缺点，把目光盯在教师的优点上，寄希望于他们的工作、活动上。

——小原国芳《小原国芳教育论著选》

一个学校的领导者，只有精益求精，每天提高自己的教学和教育技巧，只有把教学和教育以及研究和了解儿童这些学校工作中最本质的东西摆在第一位，他才能成为一个好的领导者，成为一个有威信的、博学多识的"教师的教师"。

——苏霍姆林斯基《和青年校长的谈话》

校长是否必须懂得中小学教学计划里的所有科目呢？是的，一定要懂。不仅要懂得教学大纲的内容，而且要懂得比这多得多……如果连这些都不懂，领导学校就纯属空话。

——苏霍姆林斯基《和青年校长的谈话》

七、教师是学校力量的源泉

　　教师工作不仅是一个光荣重要的岗位，而且是一种崇高而愉快的事业。它对国家人才的培养，文化科学教育事业的发展，以及后一代的成长，起着重大的作用。教书不仅是传授知识，更重要的是教人。

　　　　　　——徐特立《徐老和青年学生谈投考师范问题》，《徐特立教育文集》

　　人类之职业，没有比教师再为重要的。衣食住行的改良，科学美术的创造，迷信偏见的破除，世界大同的推进，无一不出于人为。人何以能为？因其有知识能力。知识能力何恃而养成？由于教师。所以教师是最负责、最有势力的。

　　　　　　——蔡元培《〈世界教联半月刊〉发刊词》，《蔡元培教育论集》

　　教师不但本身要进行自我教育、自我完善，同时还要教育别人。教师应当以教育事业为终身职业，自我教育也是终身教育，因此意义更为深远。

　　　　　　——第斯多惠《德国教师培养指南》

　　国将兴，必贵师而重傅；贵师而重傅，则法度存。国将衰，必贱师而轻傅；贱师而轻傅，则人有快；人有快则法度坏。

　　　　　　——荀况《荀子·大略》

　　一个民族如何培养教师、尊重教师，以及在何种气氛下按照何种价值标准和自明性生活，这些都决定了一个民族的命运。

　　　　　　——雅斯贝尔斯《什么是教育》，《世界教育名著通览》

　　教师的工作是责任重大的工作，实际上，未来的青年一代都在教师手里。

　　——克鲁普斯卡雅《在俄国共青团第四次代表大会上的演说》，《克鲁普斯卡雅教育文选》

　　教育家在数量上不得少于甚至应当比医学家还要多。如果我们把我们的健康信托给医学家，那么我们就要把我们子女的道德和心智，信托给教育者，把子女们的灵魂，同时也把我们祖国的未来信托给他们。

　　　　　　——乌申斯基《人是教育的对象》

教师工作是一桩最困难的工作，在最后的结果上说，可能是责任最重大的工作——要求一个人不仅要有最大的勤奋努力，而且要有极大的能力、极大的才干。

——马卡连柯《论共产主义教育》

教育者决不该以幽禁在校门之内，研究研究学理，教教书本，以维持个人的生活，满足个人的欲望算已尽职。教育者的人生观教育观是不局限于个人，而是公开于社会的。教育者负有社会的使命，他们应从讲坛上解放，向着社会民众走去，参加甚或领导社会民众运动。

——杨贤江《新教育大纲》，《杨贤江教育文集》

无论什么人，一说到当教员，必得有一个理想的社会悬在心中。

——陶行知《湘湖教学做讨论会记》，《陶行知教育文选》

教育的关键问题是教师。对于教育，兴之抑或亡之，在于教师。根本问题，是教师精神，是全人教养，是教师之道，是根性、是灵魂。教师之道尤其要锻炼。

——小原国芳《小原国芳教育论著选》

在没有好教师的地方，整个教育活动就像一个人眼中有了灰尘，看不见自身的需要。因此，谁渴望穷人应该有最好形式的学校，谁首先必须保证提供足够的人手，这些人要胜任工作，能够以生活的智慧的洞察力和爱来培养孩子，把他们培养成当地生活中朝气蓬勃、训练有素的成员。

——裴斯泰洛齐《见解与经验》，《裴斯泰洛齐教育论著选》

如果得不到足够数量合格的教师，任何最使人钦佩的改革也势必要在实践中失败。一般地讲，我们愈是要改进我们的学校工作，教师的任务就愈繁重……

——皮亚杰《教育科学与儿童心理学》

三人行，必有我师焉；择其善者而从之，其不善者而改之。

——孔子《论语·述而》

对绝大多数学习者来说，不论是青少年还是成年人，如果他们的学习过程得到教师个人指导，可能是取得学习实质性进步的最基本因素。

——巴格莱《教育与新人》

哪个学校的工作一蹶不振，教师是责无旁贷的；工作搞得出色，也应归功于教师……教师对于学校，有如太阳对于宇宙。他是推动整个学校机器的力量的源泉。

——第斯多惠《第斯多惠教育论著选》

凡是缺少优秀教师的地方，那里的学校和乡村学校所推行的一切，都会被视为多余的，都会被那些看不到自己缺少知识的人们所不容。谁真正想建立帮助人民进行良好教育的学校，谁就必须首先关心农村是否有优秀教师。

——裴斯泰洛齐《改进教育的观点、经验和手段》，《裴斯泰洛齐选集》

应用我的方法，教师教得少而观察得多；教师的作用在于引导儿童的心理活动和他们的身体发展。基于这一点，我把教师的名称改成指导者。

——蒙台梭利《蒙台梭利方法》

在教育青年不仅满怀信心去迎接未来，而且以坚定和负责的方式亲自建设未来方面，教师的贡献是至关重要的。自中小学开始，教育就应致力于迎接这些新的挑战：参与发展，帮助每个人理解并在某种程度上掌握国际化这一现象，促进社会团结。教师在培养积极的或消极的学习态度上也起着决定性的作用。他们应激发好奇心，培养自主能力，鼓励思考的严谨性，并为正规教育和继续教育的成功创造必要的条件。

——德洛尔等《教育——财富蕴藏其中》

古之学者必有师。师者，所以传道授业解惑也。人非生而知之者，孰能无惑？惑而不从师，其为惑也，终不解矣……是故无贵无贱，无长无少，道之所存，师之所存也……孔子曰："三人行，则必有我师。"是故弟子不必不如师，师不必贤于弟子。闻道有先后，术业有专攻，如是而已。

——韩愈《韩昌黎全集·师说》

教师的工作并非只是传授信息，甚至也不是传授知识，而是以陈述问题的方式介绍这些知识，把它们置于某种条件中，并把各种问题置于其未来情景中，从而使学生能在其答案和更广泛的问题之间建立一种联系。

——德洛尔等《教育——财富蕴藏其中》

教师应当是德才兼备的人……既教学生怎样演讲，又教学生怎样做人。

——昆体良《雄辩术原理》，《昆体良教育论著选》

在新的社会制度下，教师将是一批优秀的人物。他们的职务使他们有义务做到这一点。因此，教师将是具有远大理想的人，他们将以新社会的理想去造就新一代人。

——卢那察尔斯基《卢那察尔斯基论国民教育》

在为孩子选择导师时要非常小心谨慎，我宁愿推荐一位心神镇静、稳健的导师，而不愿推荐一位头脑塞得满满的人……我还是喜欢有智慧、有判断能力、习惯文雅和举止谦逊的人，而不喜欢空空洞洞、只有书本知识的人。

——蒙田《论儿童的教育》，《西方古代教育论著选》

有些教师在处理教学论、教学方法和学校纪律方面的气魄都哪儿去了，其他一些学校的教师也存在这个问题。教师本人原本应具备这些特点的。我看教师没有气魄的主要原因是缺乏毅力和果断，一句话，缺乏坚强的性格。

——第斯多惠《德国教师培养指南》

因为教师是领导者，所以不能不谈教师的人格。教师是有两种人格的，一种是"经师"，一种是人师。人师就是教行为，就是怎样做人的问题。经师是教学问的，就是说，除了教学问以外，学生的品质，学生的作风，学生的生活，学生的习惯，他是不管的；人师则是这些东西他都管。我们的教学就是要采取人师和经师二者合一的，每个教科学知识的人，他就是一个模范人物，同时也是一个有学问的人。

——徐特立《各科教学法讲座》，《徐特立教育文集》

学生是充满活力的，教育的目的就是刺激和指导他们的自我发展。由此前提推论，教师也应当富有活力，思维活跃。

——怀特海《教育的目的》

教师具有优秀的能力和知识，又有充分发展的人格。他自己是环境中的一个经常的和最重要的因素，他对在他周围成长着的儿童起着同样决定性的影响，因为这种影响采取间接的暗示和示范的形式，而不采取教训和命令的形式。

——沛西·能《教育原理》

毫无疑问，在学校中许多东西取决于学校总的规章制度，但最主要的方面则永远取决于与学生处于面对面地位的直接教育者的个性：教育者的个性对年轻的心灵是一种巨大的力量；无论是教科书，还是道德格言，或是奖惩制度，都代替不了这种力量。

——乌申斯基《论教育书刊的益处》，《乌申斯基教育文选》

努力创造条件使教育者能以自己的个性去影响学生，使教育者个人的智慧、道德、性格和意志对学生的智慧、道德、性格和意志施加影响。

——乌申斯基《乌申斯基教育文选》

只有在人的个性的直接影响下，儿童才能受到教育，他们在智力和道德方面才能得到发展。而任何形式、任何纪律、任何规章制度和作息时间表，都不可能人为地代替人的个性的影响。这对于年轻的心灵来说，犹如极其有益于发展的太阳光线，它不可能被任何东西所替代。

——乌申斯基《有意识地和慎重地对新生后代施加影响》，《乌申斯基教

育文选》

他们的语言是很好地选择过的；他们的声音与声调是正确的、有吸引力的；他们的举止是文雅的、优美的；他们所有的谈话题目是振奋人心的、有教益的；他们心灵的慈祥是永久保持的……他们在可能进入的圈子里都能散发出一种无法形容的魅力。这样的人将是每一所学校的教师。

——贺拉斯·曼《第七年度报告》

在教育中，一切都应当以教育者的人格为基础。因为教育的力量只能从人格的生动源泉中涌现出来，任何规章、任何教学大纲、任何人为的学校机构，无论它考虑得多么周密，都不能代替人格在教育工作中的作用。

——乌申斯基《学校的三个要素》，《乌申斯基全集》

教师不仅是知识的传播者，而且是模范。教师也是教育过程中最直接的有象征意义的人物，是学生可以视为榜样并拿来用自己作比较的人。

——布鲁纳《教育过程》，《布鲁纳教育论著选》

只有在人格的直接影响下，儿童的智力和道德才能得到培养，得到发展。任何形式、任何纪律、任何规章和课程表都不能人为地代替人格的影响。教师的个人榜样，对于青年人的心灵是一股非常有益的阳光，而这种阳光是没有任何东西可以代替的。

——乌申斯基《师范学校草案》，《乌申薪基全集》

教师应当善于组织，善于行动，善于运用诙谐，既要快乐适时，又要生气得当。教师应当能让自己的每一举动都能对自己起教育作用。

——马卡连柯《普通学校的苏维埃教育问题》，《马卡连柯教育文集》

其身正，不令而行；其身不正，虽令不从……苟正其身矣，于从政乎何有？不能正其身，如正人何？

——孔子《论语·子路》

凡是教师没有结合成一个集体的地方，凡是集体没有统一的工作计划，没有一致的步调，没有一致的、正确的对待儿童的方法，那里就不会有任何的教育过程，那里就应该有一个教师的集体。因此，如果有 5 个能力较弱的教师团结在一个集体里，受着一种思想、一种原则、一种作风的鼓励，能齐心一致地工作的话，那就要比 10 个随心所欲地单独工作的优秀教师要好得多。

——马卡连柯《普通学校的苏维埃教育问题》，《马卡连柯教育文集》

要想学生好学，必须先生好学。惟有学而不厌的先生才能教出学而不厌的学生。

——陶行知《答山西铭贤学校徐正之先生书》,《陶行知文集》

真正有学问的人就像麦穗一样:只要它们是空的,它们就茁壮挺立,昂首睥视;但当它们臻于成熟,饱含鼓胀的麦粒时,它们便谦逊地垂着头,不露锋芒。

——蒙田《人生随笔》

士大夫多瞻仰前辈一日,则胸中长一分丘壑;长一分丘壑,则去一分鄙陋;潜移默化,将来或出或处,所以益人家邦与移人风俗不少矣。

——龚自珍《与秦敦夫书》

夫学者所以求益耳。见人读数十卷书,便自高大,凌忽长者,轻慢同列;人疾之如仇敌,恶之如鸱枭。如此以学自损,不如无学也。

——颜之推《颜氏家训·勉学》

常人教小童亦可取益:绊己不出入,一益也;授人数次,己亦了此文义,二益也;对之必正衣冠,尊瞻视,三益也;尝以因己而坏人之才为之忧,则不敢惰,四益也。

——张载《经学理窟·义理》

是故善为师者,既美其道,有慎其行,齐时蚤晚,任多少,适疾徐,造而勿趋,稽而勿苦,省其所为,而成其所湛,故力不劳,而身大成,此之谓圣化,吾取之。

——董仲舒《春秋繁露·玉杯》

教师以及一般与儿童教育有关的人,必须使自己从这种错误的境地中解放出来,这种错误使他们不能正确地对待儿童。他们必须努力克服由傲慢和发怒组成的那些缺点,傲慢和发怒这两种罪恶是紧密相联的。实际上,发怒是主要的罪恶;傲慢随后给它提供了一个漂亮的伪装。

——蒙台梭利《童年的秘密》

子弟教不率从,必是教之不尽其道,为父兄师长者,但当反求诸己,未可全责子弟也。

——张履祥《杨园先生全集》

什么是真正的教育?它就如同是一个园丁的艺术,在他的照看下,百花齐放、万木争春……园丁并不能让树生根,他也不能让树干长出树叶,最后成为一棵大树……他仅能在干土上浇水,以便树根能顺利生长,除此之外,他什么也干不了。水太多时,他要排水,并要注意不让任何外来的暴力毁坏树根、树茎或树枝。教育家也同样如此。他不能给人任何一点力量,他既不能给人以生命，也不能让他呼吸，他仅仅能注意不让外来的暴力损害或打扰他，他要关照让发展沿着固有的规律前进。

——裴斯泰洛齐《一八一八年的讲演》

……教育上的错误比别的错误更不可轻犯。教育上的错误和错配了药一样，第一次弄错了，决不能借第二次第三次去补救，它们的影响是终身洗刷不掉的。

——洛克《教育漫话》

一位好教师，他不仅要尽力做到享有其名，而且要名副其实。不能只虚有其名，因此他不应逃避与教师职业有关的工作，而是认真去找着干，完成工作不是走过场，而是认真地完成……使学生终生受益。

——夸美纽斯《根除学校的惰性》，《夸美纽斯教育论著选》

我们要特别当心使孩子在学习时避免麻木不仁的教师，正如嫩弱的幼苗要避开干涸的土壤一样。

——昆体良《雄辩术原理》，《昆体良教育论著选》

事实上智力极低的人是很少的，正如生来便完全没有手脚的人是一样地少见……我们差不多找不出一块模糊的镜子模糊到了完全反映不出任何形象的地步，我们也差不多找不出一块粗糙的板子粗糙到了完全不能刻上什么东西的地步。此外，假如镜子被灰尘或斑点弄脏了，镜子首先就应打扫干净；假如木板粗糙，木板就应磨光。那时它们便能实践它们的功用了。同样，假如教员肯卖力气，人是可以被琢磨好的。

——夸美纽斯《大教学论》

我们所借以认识生活的一切事物，都是通过语言学来的；我们所学得的其他一些有用的知识也都是通过语言学得的；最好的教师是最会运用语言的人……

——转引自色诺芬《回忆苏格拉底》

一个合格的教师不单单要教会学生怎样建造长期才能竣工的建筑物，同时也要教会学生怎样制造砖瓦，并要和学生一起动手施工，教会学生建好房屋的本领。

——第斯多惠《德国教师培养指南》

一个能够动听地、明晰地教学的教师，他的声音便能像油一样浸入学生的心里，把知识一道带进去。

——夸美纽斯《大教学论》

活的乡村教师要有农夫的身手，科学的头脑，改造社会的精神。

——陶行知《中国乡村教育之根本改造》，《陶行知教育文选》

教师决不可忘记，对于种种冲突，只要能在一种健康气氛中加以解决，那么冲突也会具有教育价值。与学生所发生的冲突是对教师的最大考验。他必须全力运用自己的见识；切勿使他的知识锋芒失去刺激作用，但他必须同时做好准备对被它刺伤的心灵敷以刀伤药膏。他一刻也不许运用一种诡辩技巧来替代为真理而进行真正的争辩。

——布贝尔《品格教育》，《西方现代教育论著选》

教师在培养青年人获得机智、处理他们的工作方面，应该花费90%的准备时间……尤其是对聪明的学生，教不是必需的，但以必要的机智去培养他们的兴趣，则是必不可少的。因为这种智能提供大量的想象、思考和工作的机会。

——罗杰斯《在巨人的肩上——如果我是教师，我将询问我自己的问题》

正确地进行教育不是一件简单容易的事，而是一个复杂和困难的任务……要点钻研，要点机智，要点忍耐，要点自制。

——斯宾塞《教育论》

我希望你们一生都做教师……想成为专家，只能钻研一门科学，我希望你们钻研教育科学。学习不能只学课本，把知识在实践中运用起来，才能丰富它。你们如果在教育科学中能解决实际问题，有创造，就是专家了。

——徐特立《我希望你们一生都做教师》，《徐特立教育文集》

假如教育者具有发现能力，那么他们将会利用他们发现的一切，激发他们细心照料的对象，并使其从事活动；而假如他们能够谨慎行事的话，那么他们将会排除那些可能会有害于其学生健康、性格和礼貌的一切。

——赫尔巴特《普通教育学》，《普通教育学·教育学讲授纲要》

注意儿童的环境是教师的第一个职责，也是最重要的职责。虽然其影响是间接的，但是，如果教师不做好这项工作，儿童的身体、智力或精神各方面都无法产生有效而永恒的结果。

——蒙台梭利《有吸收力的心理》，《蒙台梭利幼儿教育科学方法》

善于精细地观察学生能力的差异，弄清每个学生的天性的特殊倾向，人们通常认为这是优秀教师的标志之一。这是有道理的。因为各个人的才能的确有着不可思议的差别，人心之不同，各如其面……教学要能培植各人的天赋特长，要沿着学生的自然倾向最有效地发展他的能力。

——昆体良《雄辩术原理》，《昆体良教育论著选》

经常而细心地观察儿童的兴趣，对于教育者是最重要的。

——杜威《我的教育信条》，《杜威教育论著选》

一个教育者应该爱年轻人，但是仅仅这一点是不够的，他还必须具有对人类优秀品质的正确理解。

——罗素《教育与美好生活》，《西方现代教育论著选》

只有一门学科是必须要教给孩子的：这门学科就是做人的天职……我宁愿把有这种知识的老师称为导师而不称为教师，因为问题不在于要他拿什么东西去教孩子，而是要他指导孩子怎样做人。

——卢梭《爱弥儿》

善教者必有善学者，而后其教之益大。教者但能示以所进之善，而进之之功，在人之自悟。

——王夫之《四书训义》

不称职的教师强迫学生接受真知，优秀的教师则教学生主动寻求真知。前者是从上而下，从顶端开始寻找基础；后者是从下向上，从学生立足的基础开始，逐渐上升到顶端。

——第斯多惠《德国教师培养指南》

教师也应当是明智的人，他应当深知教学方法，懂得俯就学生的能力。如同一个走路很快的人，如果他恰好和一个小孩走在一起，他就会用手牵着小孩，放慢自己的步伐，不能走得太快，免得他的小同伴跟不上。

——昆体良《雄辩术原理》，《昆体良教育论著选》

师术有四，而博习不与焉。尊严而惮，可以为师；耆艾而信，可以为师；诵说而不陵不犯，可以为师；知微而论，可以为师。故师术有四，而博习不与焉。

——荀况《荀子·致士》

教师所知道的东西，就应当比他在课堂上要讲的东西多十倍、多二十倍，以便能够应付自如地掌握教材。到了课堂上，能从大量的事实中挑选出最重要的来讲。

——苏霍姆林斯基《给教师的建议》

要想吸引学生的注意力就得千方百计充分发挥我们的特点或者利用其他巧妙的办法。在讲授课文时要尽情流露自己的个性，把课文讲得妙趣横生，引人入胜。兴趣会促进一个人的爱好，惟有有教养的人才能领会兴趣，兴趣按其本身来说能促进培养。教师要用熟练的技巧来活跃课堂教学生，引起学生的浓厚学习兴趣，因为兴趣会使学生自然而然地对真、善、美产生乐趣，并会使学生甘心情愿追求真、善、美。

——第斯多惠《德国教师培养指南》

教学基本类似于其他类别的职业。从某些方面看，教学如同手工艺人的职业。一个胜任的教师，其工作中包含一些必备的技能因素，如清晰的发音，恰当地调节抑扬顿挫的音调，娴熟地运用英语语言，工整干净的板书，等等。

——巴格莱《教育与新人》

教员的巨大技巧在于集中与保持学生的注意力，一旦办到了这一点，他就可以在学生力所能及的范围以内尽速前进了。否则他的一切纷扰忙碌，结果就会很少，甚至没有结果。

——洛克《教育漫话》

教育者要为儿童的未来着想……不管困难大小，有一点是清楚的，因为人的追求是多方面的，所以教育者所关心的也应当是多方面的。

——赫尔巴特《普通教育学》，《普通教育学·教育学讲授纲要》

我决心使我的孩子们在一天中没有一分钟不从我的面部和我的嘴唇知道我的心是他们的，他们的幸福就是我的幸福，他们的欢乐就是我的欢乐。我一切为了孩子。从早到晚，我一个人和他们在一起，是我的双手，供给他们身体和心灵的一切需要。他们都是直接从我这里得到必要的帮助、安慰和教学。他们的双手被我握着，我的眼睛凝视着他们的眼睛。我们一同哭泣，一同欢笑。

——裴斯泰洛齐《与友人谈斯坦兹经验的信》，《西方资产阶级教育论著选》

凡是教师缺乏爱的地方，无论品格还是智慧，都不能充分地或自由地发展……每一个要成为幼年儿童的好教师的人，都必须具有弥漫四射的父母本能。随着学生年龄的增长，这种本能的重要性也就减少。但是，只有那些具有这种本能的人才能信托他们制订教育计划。

——罗素《教育与美好生活》，《西方现代教育论著选》

计划、方法都是次要的。那超过一切的条件是同志们肯不肯把整个的心，献给乡村人民和儿童。真教育是心心相印的活动。惟独从心里发出来的，才能达到心的深处。

——陶行知.《第二年的晓庄》，《陶行知教育文选》

最要紧的是，教师要以慈父的态度对待学生。他应当想到，父亲把孩子托付给他，他就是处于代行父亲职责的地位。他既不应自己有恶习，也不应容忍学生有恶习。他应当严峻而不冷酷，和蔼而不纵容，否则，冷酷会引起厌恶，纵容会招致轻视。

——昆体良《雄辩术原理》，《昆体良教育论著选》

所谓自学自习意义就在于点燃学生内心之火，使其自己活跃起来。能够点燃这种自觉之火的教师是好教师。这种自觉之火能被点燃起来的学生是最幸福的人。

——小原国芳《小原国芳教育论著选》

要拨动学生的心弦，要"心心相印"，教育的深刻意义由此才能油然而生。彼此的人格戛然相碰，那迸发的火花不正是我们遥望而又想接近的求之不得的光明吗！要是彼此之间没有这种关系，学生走学生的路，教师走教师的路，将是何等的冷清寂寥啊！

——小原国芳《小原国芳教育论著选》

不应长时间地与孩子过不去！不要故意摆威风！不要神秘地缄默！而尤其不要虚伪地友好！无论各种感情活动会发生多少变化，都必须保持坦率诚恳。

——赫尔巴特《普通教育学》，《普通教育学·教育学讲授纲要》

如果教育学希望从一切方面去教育人，那么它就必须首先也从一切方面去了解人。

——乌申斯基《人是教育的对象》

一个高明的教师，当他接受托付给他的儿童时，应当首先弄清楚他的能力和资质……有些孩子是懒惰的，除非你激励他；有些孩子一听到吩咐就发怒；恐吓能约束某些孩子，却使另一些孩子失去生气；有些孩子由于持续的勤劳而得到陶冶，另一些孩子因短期的努力而成就更好。

——昆体良《昆体良论教育》

每个人的心灵都有它自己的形式，必须按它的形式指导他；必须通过它这种形式而不能通过其他的形式去教育，才能使你对他花费的苦心取得成效。你必须好好地了解你的学生之后，才能对他说第一句话，先让他的性格的种子自由自在地表现出来，不要对它有任何束缚，以便全面地观察它。

——卢梭《爱弥儿》

只有要求进行批判性思维的对话才能产生批判性思维。没有了对话，就没有了交流；没有了交流，也就没有真正的教育。

——弗莱雷《被压迫者教育学》

当教育者赢得了学生的信任时，学生对接受教育的反感就会被克服而让位于一种奇特情况：他把教育者看作一个可以亲近的人。他感到他可以信赖这个人，这个人并不使他为难，而正在参与他的生活，在有意要影响他之前能与他亲近。于是他学习提问了。

——布贝尔《品格教育》，《西方现代教育论著选》

通过对话，教师的学生及学生的教师等字眼不复存在，新的术语随之出现：教师学生及学生教师。教师不再仅仅是授业者，在与学生的对话中，教师本身也得到教益；学生在被教的同时反过来也在教育教师，他们合作起来共同成长。

——弗莱雷《被压迫者教育学》

所有的教育家——不管是理论家还是实践家所采取的都应是这两者之间的中间立场。任何一个教育实践家都不可能没有自己的教育理论，哪怕只是一点点，哪怕是模糊不清的理论；反之，任何一个大胆的理论家有时都要注意一下事实。

——乌申斯基《论教育书刊的益处》，《乌申斯基教育文选》

不论教育者怎样地研究了教育学理论，如果他没有教育机智，他就不可能成为一个优良的教育实践者。这种所谓教育机智在本质上不是什么别的东西，无非是文学家、诗人、演说家，演员、政治家、传教者，一句话，就是一切想跟教育学者一样对别人的心灵发挥某种影响的那些人所需要的那种心理学的机智。

——乌申斯基《人是教育的对象》

为什么教师要研究心理学、教育史、各科教学法一类的科目呢？有两个理由：（1）有了这类知识，他能够观察和解释儿童心智的反应——否则便易于忽略；（2）懂得了别人用过有效的方法，他能够给予儿童以正当的指导。

——杜威《思维与教学》

教育者的第一门科学，虽然远非科学的全部，也许就是心理学……但这门科学绝不能替代对儿童的观察。因为个性只能被发现，而不能由心理学推断出来。所以事先对一个学生作出构想，这本身就是一种错误说法。

——赫尔巴特《普通教育学》，《普通教育学·教育学讲授纲要》

一般地说来，教育学是最辩证、最灵活的一种科学，也是最复杂、最多样化的一种科学。这种见解，就是我的教育信念的基本标态。

——马卡连柯《普通学校的苏维埃教育问题》，《论共产主义教育》

教育过程有两个方面：一个是心理学的，一个是社会学的。它们是平列并重的，哪一个也不能偏废；否则，不良的后果将随之而来。

——杜威《我的教育信条》，《杜威教育论著选》

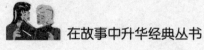

没有教育学理论的发展心理学是：无的放矢，忽视儿童成长本质的教育学理论也将一无所得。

——布鲁纳《教育相关性》

把教学比作艺术，从许多方面看都是十分有益的。把教学比作艺术就是承认了教师素质的基本意义，这些素质包括对学生存在的困难有洞察力，有直觉印象，能敏感地意识到学生的困难，对学生的需要同情并理解。

——巴格莱《教育与新人》

八、教育的目的意义

君子学道则爱人，小人学道则易使也。

君子学习了，就会有仁爱之心；老百姓学习了，就容易听指挥，听使唤。（教育总是有用的）。

——春秋·孔丘《论语·阳货》

欲教化其民，成其美俗，非学不可。

要教化百姓，养成高尚的道德和良好的习俗，非要通过教育学习不可。

——唐·孔颖达《学记》

育才造士，为国之本。

培养人才、造就人才，是国家稳固强盛的根本。

——唐·权德舆《进士策问五道》

牧民之道，教养合而成用。

管理百姓的原则，教育和生活并重才能够有作用。

——清·王夫之《恶梦》

民智者，富强之原。

国民拥有的文化科技知识，是国家富裕强大的本源。

——清·严复《愿强》

仁言不如仁声之入人深也，善政不如善教之得民也。善政民畏之；善教民爱之。善政得民财，善教得民心。

仁德的言语赶不上仁德的音乐入人心之深，在得民心上良好的政治赶不上良好的教育。良好的政治，百姓怕它；良好的教育，百姓爱它。良好的政治得到百姓的财，良好的教育得到百姓的心。

——战国·孟轲《孟子·尽心》

苟不可以为天下国家之用，则不教也。苟可以为天下国家之用者，则无不在于学，此教之道也。

若不能为百姓国家所用，就是不教育的结果。若能为百姓国家有用的，就无一不是学习的结果，这就是兴办教育的道理。

——宋·王安石《上仁宗皇帝言事书》

人君之治，莫大于道，莫盛于德，莫美于教，莫神于化。

君主治国，没有比推行仁道更伟大，没有比恩德更盛大，没有比教育更美好，没有比感化更神奇的了。

——汉·王符《潜夫论·德化》

上智不教，而成下愚。

天赋很高的人不加以教育，最终也会成为天赋低下的愚钝之人。

——北齐·颜之推《颜氏家训》

生而同声，长而异俗，教使人然也。

人生下来声音都相同，长大后习俗却不相同，只是由于后天教育的不同才使他们这样的啊。

——战国·荀况《荀子·劝学》

人之有道也，饱食、暖衣、逸居而无教，则近于禽兽。圣人有忧之，使契为司徒，教以人伦——父子有亲，君臣有义，夫妇有别，长幼有序，朋友有信。放勋曰："劳之来之，匡之直之，辅之翼之，使自得之，又从而振德之。"

人之所以为人，吃饱了，穿暖了，住得安逸了，如果没有教育，也和禽兽差不多。圣人又为此忧虑，便使契做司徒的官，主管教育。用关于人与人关系的大道理以及行为准则来教养人民——父子之间有骨肉之亲，君臣之间有礼仪之道，夫妻之间挚爱而有内外之别，老少之间有尊卑之序，朋友之间有诚信之德。尧说道："督促他们，纠正他们，帮助他们，使他们各得其所，然后加以提携和教诲。"

——战国·孟轲《孟子·滕文公》

天下无不教之人，亦无可以不教之人。

天底下没有不能够教育的人，也没有可以不接受教育的人。

——清·陈宏谋《养正遗规》

世界之运，由乱而进于平；胜败之原，由力而趋于智。故言自强于今日，以开民智为第一义。

世界发展的规律，由战乱而转变为和平；胜败的根源，由武力而转变为智慧。所以说我们要在今天强盛，要以开启民智为第一要义。

——清·梁启超《饮冰室文集》

穷维古来世运之明晦，人才之盛衰，其表在政，其里在学。

探究自古以来时运的清明黑暗，人才的兴盛衰败，它的表现在政治，它的根本在教育。

——清·张之洞《劝学篇》

一人独学，不如群人共学；群人共学，不如合计百亿兆人共学。学则强，群则强，累万亿兆皆智人，则强莫与京。

一个人独自学习，不如一群人共同学习；一群人共同学习，不如集合百亿兆人共同学习。接受学习就强壮，团结一致就强大，数万亿兆人都成为有知识的人，那么国家的强盛是没有竞争对手的。

——清·康有为《上海强学会后序》

变法之本在育人才，人才之兴在开学校。

变法的根本在培育人才，人才的兴盛在开办教育。

——清·梁启超《饮冰室文集》

教扶其善，法抑其恶。

教育能扶植他善良的本性，法制能抑制他邪恶的本性。

——汉·荀悦《申鉴·杂言》

先王务本，君子知教，化人成俗，理国齐家，必由于学矣。

先王致力于百姓的管理，君子重视人才教育，人民的教化，风俗的形成，国家的治理，家族的整顿，必须从教育实行。

——唐·李隆基《令张说等与两省侍臣讲读制》

万物皆有良能，如每常禽鸟中做得窝子，极有巧妙处，是他良能，不待学也。人初生只有吃乳一事不是学，其他皆是学。

万物都有好的性能，如平常禽鸟做的窝，很有巧妙的地方，这是它好的本能，不需学习。人出生后只有吃奶一事不用学习，其他都是学习的结果。

——宋·程颐《程氏遗书》

夫仁义礼知信五常之道，王者所当修饬也。五者修饬，故受天之佑而享鬼神之灵，德施于方外，延及群生也。

仁义礼智信这五种长存的道德，做王的应当修养整饬。在这五个方面得到修养整饬，就可受上天的保佑而且享受鬼神的应验，恩德布施于域外，延续到百姓了。

——汉·董仲舒《对策三》

教以济养，养以行教。教者养也，养者教也。

教育是为了改变生活，生活就要实行教育。教育，就是培养，培养，就是教育。

——清·颜元《存治编》

教不立，学不传，人才不期坏而自坏。

如果教育机构不设立，学问学术不流传，培养的人不期望变坏而自己就会变坏。

——宋·杨时《二程集·论学篇》

常玉不琢，不成文章；君子不学，不成其德。

普通的玉石不雕琢，不可能形成纹彩；君子不学习，不能形成他应有的品德。

——汉·班固《汉书》

昔之欲抑民权，必以塞民智为第一义；今日欲伸民权，必以广民智为第一义。

过去当政者想抑制民权，所以把堵塞群众智力作为第一要务；现在我们要伸张民权，必须把开启群众智力作为第一要务。

——清·梁启超《上陈宝箴书论湖南应办之事》

善者一日不教，则失而入于恶；恶者勤而教之，则可使至于善；混者驱而率之，则可使去恶而就善也。

善良的人一天不受教育，就会失去善良本性而沦入恶人之流；恶人只要经常地教育他，就可以使他本性达到善的境地；时善时恶的人经常督促他，做表率影响他，可使他远离恶的本性，进而形成善的本性。

——宋·欧阳修《答李诩书》

天行健，君子以自强不息；地势坤，君子以厚德载物。

自然的运动刚强劲健，相应于此，君子应刚毅坚卓，发奋图强；大地的气势厚实和顺，相应于此，君子应增厚美德，容载万物。

——周·姬昌《周易》

夫不素养士而求贤，譬犹不琢玉而求文采也。故养士之大者，莫大乎太学。太学者，贤士之所美也，教化之本源也。

平时不培养读书人而寻求贤能的人，犹如不雕琢玉而期求玉有图纹。所以培养读书人最重要的地方，没有超过太学的。太学，是培养学者贤人的好地方，是教化百姓的本源。

——汉·董仲舒《对贤良策》

夫万民之从利也，如水之走下，不以教化堤防之，不能止也。是故教化立而奸邪皆止也，其堤防完也；教化废而奸邪并出，刑罚不能胜者，其堤防坏也。古之王者明于此，是故南面而治天下，莫不以教化为大务：立大学以教于国，设庠序以化于邑，渐民以仁，摩民以谊，节民以礼，故其刑罚甚轻而禁不犯者，教化而习俗美也。

人们追求利益的欲望，好像水流向低处，不用教育的堤坝防止它，不能制止它。因此政治教化的建立，奸诈邪恶就都停止了，这是政治教化的堤防完备的缘故；政治教化废弛，那么奸诈邪恶都会出现，刑罚也不能战胜它，这是政治教化的堤防毁坏的缘故。古时做君王的明白这个道理，因此面南坐在宫廷治理天下，无不以政治教化为重大要务：在国中设立大学实施教育，在乡邑设立学校进行教化，以仁义感化人民，以友谊团结人民，以礼义约束人民，所以国家刑罚甚轻而没有违犯禁忌的人，普遍实行教育而且风俗美好。

——汉·董仲舒《对贤良策》

"惟上智与下愚不移"，非谓不可移也，而有不移之理。所以不移者，只有两般，为自暴自弃不肯学也。使其肯学，不自暴自弃，安不可移哉？

"只有上等的智者和下等的愚人是改变不了的"。不是说不可以改变，而是有不改变的道理。所以不可改变的，只有两种情况，是自暴自弃，不肯学习的人。让他愿意学习，不自暴自弃，哪有不可改变的？

——宋·程颐《二程语录》

子墨子言见染丝者而叹曰："染于苍则苍，染于黄则黄，所入者变，其色也变。五入必而已，则为五色矣。故染不可不慎也。非独染丝然也……士亦有染。"

墨子说他曾看到染丝的情景而叹息道："丝放到青色染料中就变成了青色，放到黄色染料中就变成了黄色，投入的染料不同，丝的颜色也不同，丝放入五种不同的染料，就能染出五种颜色。所以对外物的浸染不可不慎重啊。不独染丝是这样……读书人也会被浸染的。"

——战国·墨翟《墨子·所染》

圣人之道，不能独以威势成政，必有教化。故曰：先之以博爱，教以仁也；难得者，君子不贵，教以义也；虽天子必有尊也，教以孝也；必有先也，教以弟也；此威势之不足独恃，而教化之功不大乎！传曰：天生之，地载之，圣人教之……故曰：先王见教之可以以化民也。此之谓也。

圣人的原则，不独以威望和权势执政，必定要依靠教育。所以说：他先要推行博爱，就要以仁道教育人民；难得的是，君子不尊贵，以道义教导他，虽然君王必定是尊贵的，也以孝道教导他；必定有长幼之分，以悌教导他；

这不能依靠威望权势实行，那教育的功效不大吗？传说：上天给了我们生命，大地供养我们生活，圣人教化我们文明……所以说：古代君王突出教育培养人的作用。这里说的就是这个道理。

——汉·董仲舒《为人者天》

民可明也，不可愚也；民可教也，不可威也；民可顺也，不可强也；民可使也，不可欺也。

百姓可以明示，不可以愚弄；百姓可以教育，不可以威服；百姓可以引导，不可以强迫；百姓可以使役，不可以欺凌。

——宋·程颐《二程语录》

古者自天子达于庶人，必须师友以成就其德业，故舜禹文武之圣，亦皆有所从学。今师傅之职不修，友臣之义未著，所以尊德乐善之风，未成于天下，此非有古今之异者也。

古代自君王到百姓，必须虚心向老师朋友学习来成就其德业，所以舜、禹、文王、武王的圣明，也都有跟人学习的。现在老师职所不修整，以朋友礼节对待臣下的礼仪不显著，所以尊崇仁德和乐于施善的风气，在天下没有形成；这也无有古今不同的。

——宋·程颢《明道文集》

古者八岁入小学，十五入大学，择其才可教者聚之，不肖者复之田亩。盖士农不易业，既入学则不治农，然后士农判。在学之养，若士大夫之子，则不虑无养，虽庶人之子既入学则亦必有养。古之仕者，自十五入学，至四十方仕，中间自有二十五年学，又无利禄可趋，则所志可知。趋善便自此成德。后之人自童稚已有汲汲趋利之意，何由得向善？故古人必使四十而仕，然后志定，只营衣食却无害，惟利禄之诱最害人。

古人八岁入小学，十五岁入大学，选择天赋好，能接受教育的人聚集起来教育，不好的回到田间务农。坐官务农各操其业，已经入学的就不治理农业，然后读书人和老百姓就分开了。在学校的给养，若是士大夫家的子弟，就不考虑没有给养，虽然是普通人家子弟已经入学也必须有给养。古时从政的人，自十五岁入学，到四十岁才从政，中间自然有二十五年，又无利禄可追求，求学的志向就可想而知了。追求良善从此便成了他的品德。现在的人从儿童起就有追求利禄的思想，从何得到追求良善品质？所以古人必须使人到四十岁才从政，此后志向就确定了，只经营衣食之利却不伤害道义，惟有利禄的诱惑最害人。

——宋·程颐《伊川学案》

教育之宗旨何在？在使人为完全之人物而已。何谓完全之人物？谓使人之能力，无不发达且调和是也。人之能力分内外二者：一曰身体之能力，一曰精神之能力。

教育的宗旨是什么？是使人成为全面发展的人罢了。什么是全面发展的人呢？就是说使人的能力得到全面发展而且相互协调，这样的人就是全面发展的人。人的能力分内外两方面：一是身体的能力，一是精神的能力。

——清·王国维《论教育之宗旨》

庠序之教，先王所以明人伦，化成天下。今师学废而道德不一，乡射亡而礼义不兴，贡士不本于乡里而实不修，秀民不养予学校而人材多废，此较然之事，亦非有古今之异者也。

学校的教育，是先王明确人的伦理关系，教化统治百姓的地方。如今教育荒废了，没有规范的道德标准，乡射的礼仪活动消亡了，那么礼义就不时兴了，贡士不从乡里选拔因而实际上就不注重修养，秀士得不到学校的培养因而人才大多荒废，如此明显的事情，也无有古今不同的。

——宋·程颢《明道文集》

一国之人材，视乎学校。学校隘则人才乏，学校广则人才多。

一个国家的人才多少，看学校状况。学校少则人才少，学校多则人才多。

——清·何启《新政论议》

君子之为学，以明道也，以救世也。徒以诗文而已，所谓雕虫篆刻，亦何益哉？

君子治学，是阐明事物规律，为了挽救天下百姓。白白地以赋诗作文为能事，所说的雕辞琢句，也有什么益处呢？

——明·顾炎武《亭林文集》

自古圣贤，盛德大业，未有不由学而成者也。

自古以来的圣贤，崇高品德壮大业绩，没有不是通过学习来成就的。

——清·黄宗羲《明儒学案》

总之，学校与社会万不可分离。在学校时，于社会应有之知识研究有素，毕业后断不患无人用之；在学校养成一种活动之能力，将来在社会上可以不必求人，亦足自立。

总之，学校与社会万不可分离。在学校时，对在社会上应有的知识学习、研究且有一定的素养，毕业后决不担心没有用武之地；在学校养成一种工作的能力，将来在社会上可以不必求人，也能够自立。

——清·梁启超《饮冰室文集》

古之学一，今之学棼；古之学实，今之学虚；古之学有用，今之学无用。古今不同，何其甚也。

古时人治学专一，现在人治学纷乱；古时人治学实际，现在人治学虚妄；古时人治学有用，现在人治学无用。古今不同，这是多么大啊。

——清·李塨《恕谷年谱》

子曰："好学近乎知，力行进乎仁，知耻近乎勇。"知斯三者，则知所以修身；知所以修身，则知所以治人；知所以治人，则知所以治天下国家矣。

孔子说："爱好学习就接近智慧了，努力行善就接近仁爱了，知道廉耻就接近勇敢了。"知道这三点，就知道应该如何修养自身品德；知道如何修养自身品德，就知道如何治理人民；知道如何治理人民，就知道如何治理天下国家。

——战国·子思《礼记·中庸》

开民智为最急。

实施教育，开启民众的心灵智慧，是救国的当务之急。

——清·严复《原强》

大学之道，在明明德，在亲民，在止于至善。知止而后有定，定而后能静，静而后能安，安而后能虑，虑而后能得。物有本末，事有始终，知所先后，则近道矣。

大学的宗旨：在于发扬人的美德，亲爱人民，使人达到尽善尽美的境界。知道所应达到的理想境界而后才能坚定志向，坚定了志向而后就能内心沉静，内心沉静而后就能处事泰然，处事泰然而后就能思虑周详，思虑周详而后就能办事成功。事物有本源和结果，事情有开始和结束，知道它们的先后顺序，就接近于掌握它的规律了。

——战国·曾参《礼记·大学》

仁人正谊不谋利，明道不计功，此语初看极好，看全疏阔。古人以利与人，而不自居其功，故道义光明。后世儒者，行仲舒之论，既无功利，则道义乃无用之虚语尔。

仁道的人坚持正义不谋私利，彰显仁道不计功名，此话粗看很好，细看全不周密。古人让利给人，可是自己不宜有功自居，所以道义光大显耀。后代儒家学派的人，实行董仲舒的理论，实行道义不论功利，那道义就是无用的假话了。

——宋·叶适《习学记言》

人皆可以至圣人，而君子之学，必至于圣人而后已，不至于圣人而后已者，皆自弃也。孝其所当孝，弟其所当弟，自是而推之，则亦圣人而已矣。

人都可以修养到圣人水平，可是君子求学，必须达到圣人的水平才罢休，不达到圣人水平罢休的人，都是自己放弃了努力。孝敬自己应当孝敬的人，尊敬自己应该尊敬的人，自此推而广之，就也是圣人了。

——宋·程颐《宋元学案》

学也者，使人求于内也，不求于内而求于外，非圣人之学也。何谓不求于内而求于外？以文为主者是也。学也者，使人求于本也，不求于本而求于末，非圣人之学也。何谓不求于本而求于末？考详略、采同异者是也。是二者皆无益于吾身，君子弗学。

学习，是让人在内心求得完善，不求在内心得到完善而只求外表好看，不是圣人求学的目的。什么是不求内心完善而求外表好看？学习以表现形式为主的就是。学习，是让人寻求本性的完善，不寻求本性上的完善而求索本性之外的东西，不是圣人学习的方法。什么是不寻求本性上的完善而求索本性之外的东西呢？考察内容的多少，摘取形式的异同的就是。这二者都对自身修养无益，君子不要学习。

——宋·程颐《伊川学案》

随事观理，而天下之理得矣，天下之理得，然后可以至于圣人。君子之学，好以反躬而已矣。反躬在致知，致知在格物。

根据事物发展寻找真理，天下的真理就能得到了。天下的真理得到了，然后就可以达到圣人的标准了。君子学问，喜好反躬自问罢了。反躬自问在于招致自己的良知，招致自己的良知，在于校正自己的思想根源。

——宋·程颐《二程语录》

善为教者，必使举国之人，无贵贱无不学。

善于执掌教育的人，必须动员组织全国人民，不分贵贱地都参加学习。

——清·梁启超《论幼学》

本朝人才所以衰弱不逮古人者，直以文法繁密，每事必守程度，按故例，一出意则为妄作矣。当其风俗之成名节之厉，犹知利之不当言，财之不当取。盖处而学与出而仕者虽不能合，而犹未甚离也。今也不然，其平居道前古，语仁、义、性与天道者，特雅好耳，特美观耳，特科举之余习耳。一日为吏，簿书期会，迫之于前，而操切无义之术用矣。曰：彼，学也；此，政也。学与政判然为二。

当代人才之所以衰弱赶不上古人，以结构文章方法的繁密论值，每件事必须遵守标准，按照旧例，一旦有所发挥就认为是狂妄之作。当时文坛风气追求名誉气节和厉害，像知道利益不应当谈论，财物不应当获取。在家学习的东西和出去从政的需要虽不完全吻合，可是还没分得很开。现在不是这样，读书人平时守其道义超越古人，说仁、义、性和天道的，十分喜好规范正确，十分讲究美丽漂亮，十分热衷科举之外的唱和应对。哪一天去做官吏，起草文书或施行政令，被迫到跟前，就慌张急躁没有主意办法可用了。说：那是学习，这是从政。学习与从政完全分开成为两个事情。

——宋·叶适《水心集·财总论》

或问："世言铸金，金可铸欤？"曰："吾闻觊君子者，问铸人，不问铸金。"或曰："人可铸欤？"曰："孔子铸颜渊矣。"或人蹴尔曰："旨哉！问铸金，得铸人。"

有人问："世人说能销石铸金，黄金能铸化吗？"回答说："我听说访问君子的人，询问怎样铸造人，不问怎样铸化黄金。"那人问："人可以铸造吗？"回答说："孔子铸造了颜渊。"那人惊叹道："好啊！问怎样铸化黄金却得到了铸造人的道理。"

——汉·扬雄《法言·学行》

凡学之道，正其心，养其性而已。中正而诚则圣矣。君子之学，必先明诸心，知所养，然后力行以求至，所谓"自明而诚"也。故学者必先尽其心，尽其心则知其性。知其性，反而诚之，则圣人也。

人们求学的方法，就是端正人的本心，培养人的本性罢了。人心公正真诚人就圣明了。君子学习，必须先要明白本心，清楚培养目标，然后努力去做以求达到目标。这就是所说的"由明白道理而能内心真诚"的教化。所以学者必须充分扩张善良的本心，充分扩展善良本心就懂得了人的本性。懂得人的本性，人的本心反而就真诚了，也就成为圣人了。

——宋·程颢《程氏遗书》

西洋今日，业无论兵农工商，治无论国家天下，蔑一事焉不资于学。

西方世界的今天，无论兵农工商事业，无论治理国家民众，没有一件事不凭借办教育的。

——清·严复《救亡决论》

唐虞三代之为学，其君皆圣贤，以身所行，与士相长，取材任官，又与相治。后世不然，但立表置舍，以存其名，如贾谊、董仲舒之流，尚不知人主当自化，而徒欲立学以化人。明帝始终能以学为重，然褊察无弘裕之益，其意谓不迁怒，不贰过，惟用之诸生而已。此自汉以来知劝学而不知明义之故也。

　　唐尧虞舜和夏商周三代都重视教育，君主都圣明，身体力行，和读书人共同上进，因材任职，又能共同治理国家。后代人不是这样，修立石碑，置办房屋，用以留存声名，如贾谊、董仲舒之流，还不知道君主应当自我教育，而空想设立学校教化人民。圣明的帝王始终能以学习为重，然后仔细审察不放纵的好处，其意是说不把怨怒转嫁给他人，不犯两次同样的错误，只任用众多读书人罢了。这是从汉代以来只知道劝学而不重视使人明白道义的缘故。

　　　　　　　　　　　　　　　　——宋·叶适《习学记言》

　　性即是理。理则自尧舜至途人，一也。才禀于气，气有清浊，禀其清者为贤，禀其浊者为愚。又问愚可变否？曰：可。孔子谓"上智与下愚不移"，然亦有可移之理，惟自暴自弃者则不移也。

　　性的根本是理。理从尧、舜到普通人，都是一样。人的才智由精神授予的，精神有清澈混浊之分，授予清澈的人就贤能，授予混浊的人愚钝。有人问愚钝的人能不能改变？我说可以。孔子说："只有上等的智者和下等的愚人是改变不了的。"然而也有可以改变的道理，惟有自暴自弃的人则不可改变。

　　　　　　　　　　　　　　　　——宋·程颐《伊川学案》

　　序人伦，安国家，莫先于礼；和人神，移风俗，莫尚于乐。

　　规范人际关系，治理国家家庭，没有比礼更重要；和谐人们的精神，改变社会风俗，没有比乐更值得重视。

　　　　　　　　　　　　　　　　——唐·白居易《议礼乐》

　　学校者，人才所由出；人才者，国势所由强。

　　人才的产生，在于学校；国势所以强大，在于人才。

　　　　　　　　　　　　　　　　——清·郑观应《盛世危言》

　　强国以议院为本，议院以学校为本。

　　强国以设立民意机构为根本，设立民意机构以学校为基础。

　　　　　　　　　　　　　　　　——清·梁启超《古议院考》

　　圣帝明主，皆教德化，而薄威刑也。

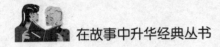

圣明的君主，都重视思想道德的教育感化，而且淡化严刑重罚。

——唐·吴兢《贞观政要》

人之心知有明暗，当其明，则不失；当其暗，则有差谬之失。故语道于人，人伦日用，成道之实事……此谓道，不可不修者也。"修道以仁"，及圣人修之以为教是也。

人的心智有时明白，有时糊涂，当心智明白的时候，就不会有失误；当心智糊涂的时候，就有过失错误。因此给人讲道，人伦和日常生活的用项，都是道的最实际的事情……这里所说的道，不能不遵循。"遵循天下之道取决于人的仁心"，达到圣人遵循道的水平是因为教育的结果。

——清·戴震《孟子字义疏证》

发虑宪，求善良，足以谀闻，不足以动众；就贤体远，足以动众，未足以化民。君子如欲化民成俗，其必由学乎！

引发思虑，广求善良，只能做到小有名声，不足以感动民众。亲近贤能人物，体念远大利弊，虽能够感动民众，仍然不足以教化人民。君子如果要教化人民，形成良好的风俗，必须从教育入手。

——汉·戴圣《礼记·学记》

学校者，风化之源，人才所自出。

学校，是移风易俗、改造社会风尚的基础，是培养人才的园地。

——明·范济《范司训奏疏》

古圣贤之所谓道，人伦日用而已矣。于人伦日用，行之无失，如是之谓仁，如是之谓义，如是之谓礼而已矣。

古时圣贤所说的道，人际关系和日常用项罢了。对人际关系和日常用项，实行起来没有过失，这可说是达到了仁，这可说是达到了义，这可说是遵循了礼罢了。

——清·戴震《孟子字义疏证》

所谓觉者，道德仁义天命人事之理是已……古之人其养是觉也何道？将非一趋于问学而不变乎？将非责难于师友而不息乎？将非先义而后利乎？将非笃于所以自为而不苟于所以为人乎？是其得之也，死生祝福齐焉，是非邪正定焉，人之大伦，天下国家之经纪，取极于是矣。

所谓觉悟的，是道、德、仁、义、天、命、人、事的道理罢了……古人修养这觉悟是什么道呢？岂非一律趋向于学问不变吗？岂非责难于老师朋友不罢休吗？岂非先获取道义后获取利益吗？岂非专心自己作为不轻易为人吗？

他获得的，活着幸福死后安然做到了，是非邪正确定了，做人的道理，国家的纲纪，最终目的在这里。

——宋·叶适《水心集》

古者小学，教以洒扫应对、进退之节，爱亲敬长、隆师亲友之道，皆所以为修身、齐家、治国、平天下之本，而必使其讲而习之于幼稚之是。

古时候的小学，以洒水扫地、应答对话、进见退避的礼节，爱戴亲人尊敬长辈，崇敬老师亲近朋友的道理来教育学生，都是为了使学生具有修养身心，整治家族，治理国家，平定天下的本领为根本目的，可是必须使他们从小听到这些道理，应该经常练习实践才是。

——宋·朱熹《题小学》

人无常心，习以成性；国无常俗，教则移风。

人没有固定不变的思想，习惯以养成品性；国家没有不变的习俗，教育则改变风俗。

——唐·白居易《策林二》

学不倦，所以治己也；教不厌，所以治人也……是故子路，卞之野人；子贡，卫之贾人；颜涿聚，盗也；颛孙师，驵也；孔子教之，皆为显士。夫学譬之犹砺也，昆吾之金，而铢父之铁（锡），使干越之工，铸之以为剑，而弗加砥砺，则以刺不入，以击不断；磨之以砻砺，加之以黄砥，则其刺也无前，其击也无下。自是观之，砺之与弗砺，其相去远矣。今人皆知砺其剑，而弗知砺其身。夫学，身之砺砥也。

努力学习而不知厌倦，是为了自我完善；认真教学不满足，是为了完善他人……所以说像子路，不过是下地的俗人；子贡，不过是卫国的商人；颜涿聚，是个盗贼；颛孙师，是个市侩；这些人经过孔子教化，都成为声名显赫的士大夫。学习就好像磨刀，即使是用了昆吾的铜、铢父的锡，让干越这样的工匠，把它铸造成青铜剑而不加磨砺，用它来击刺是刺不穿的，断物是斩不断的；但是用粗石锉，细石磨，用它击刺没有不穿的，断物没有不断的。由此看来，磨砺与不磨砺大不相同。现在人都知道磨砺刀剑，却不知道"磨砺"自身。学习，就是自我磨砺啊。

——战国·尸佼《尸子·劝学》

不富无以养民情，不教无以理民性。

百姓不富裕，就无从培养他们的感情，对百姓不进行教育，就无法陶冶他们的性格。

在故事中升华经典丛书

——战国·荀况《荀子·大略》

人君之理，莫大乎道德教化也。

人君治国的方法，没有比道德教化更重大的了。

——唐·吴兢《贞观政要》

人之初生，不食则死；人之幼稚，不学则愚。食以养其生，充之使长；学以养其良，充之至于贤人圣人，其故一也。才虽美，譬之良玉成器而宝之，气泽日亲，久能发其光，可宝加乎其前矣。剥之蚀之，委弃不惜，久且伤坏无色，宝减乎其前矣。

人出生之后，不吃饭就会饿死；人在幼年时期，不学习就趋愚昧。食物用以营养人的生命，充足了使人生长；学问用以滋养人的良能，充盈了人就成了圣贤之人，其原因是一样的。材质虽然美好，譬如美玉做成器物而珍爱它，气质光泽日渐宜人，时间长了能焕发出光彩，正是珍爱在前的缘故。剥落它，磨蚀它，丢弃不珍惜，时间长了损伤毁坏没有光泽，珍爱不如以前的缘故。

——清·戴震《孟子字义疏证》

学校之设，固治国化民之本也。

学校的设立，确实是治理国家教化百姓的根本。

——宋·田况《儒林公议》

欲任天下之事，开中国之新世界，莫亟于教育。

欲担任天下的大事业，开创中国的新世界，没有比兴办教育更紧迫的了。

——清·梁启超《康有为传》

今日为中国前途计，莫亟于教育。

现在要为中国的前途出路考虑，没有比振兴教育更紧迫的事情了。

——清·梁启超《教育政策私议》

问学者须志于大如何？曰：志无大小，且莫说将第一等让于别人，且做第二等，才如此说，便是自弃。虽与不能居仁由义者差等不同，其自小一也。言学便以道为志，言人便以圣为志。自谓不能者，自贼者也，谓其君不能者，贼其君者也。

有人问学者为何志向必须要大？我说：志无大小，且不说把第一等的事业让给别人，自己做第二等的，人才这样说便是自弃。虽跟不具备仁德就实行正义的差别不同，但自己就小了一等。说求学便以传播道义为志向，说做人便以争做圣人为志向。自认为不能做到的，是自暴自弃的人，自认为君王

94

不能有为的，是暴弃自己君王的人。

——宋·程颐《二程语录》

方今之急务，在兴民权；欲兴民权，在开民智。

当今最紧迫的任务，在于复兴民权；要想复兴民权，在于开启民众的智慧。

——清·谭嗣同《与徐砚甫书》

天下不可一日而无政教，故学不可一日亡于天下。

国家一天不能没有政教，所以，教育一天不能不存在于天下。

——宋·王安石《明州慈溪县学记》

然富而不教，非为善经；愚而不学，无以广才。是在教民。

生活富足了可是不兴办教育，不是完善的治理；民众无知可是不组织学习，就不可能增长才干。正确的在于教育民众。

——清·康有为《公车上书》

教化之本，出于学校。

教育感化百姓的本源，出路在于学校教育。

——宋·苏洵《议法》

庠者，养也；校者，教也；序者，射也。夏曰校，殷曰序，周曰庠；学则三代共之，皆所以明人伦也。人伦明于上，小民亲于下。有王者起，必来取法，是为王者师也。

"庠"是教养的意思，"校"是教导的意思，"序"是陈列的意思，陈列实物以便实施实物教育。地方学校夏代叫"校"，商代叫"序"，周代叫"庠"；至于大学，三代都叫"学"。那目的都是阐明人际关系以及行为准则的。人际关系及行为规则诸侯卿大夫都明白了，小百姓自然会亲密地团结在一起。如果有圣王兴起，一定会来学习仿效，这就是圣王的老师了。

——战国·孟轲《孟子·滕文公》

为治所至，必以兴学校，明教化为先。

为了达到治理国家的目的，必须以兴办学校，倡导教育化民才是首要任务。

——清·郑瑞《朱子学归》

教易为善，善而从正，国之所以治也；不教则易为恶，恶而得位，民之所以殃也。

坚持教育，老百姓就容易变成善良的；善良人从政，国家就安宁；放弃教育，老百姓就容易变为恶的。恶人当了官，人民就遭殃。

——宋·李觏《安民策》

致天下之治者在人才，成天下之才者在教化，教化之所本在学校。学校之兴，莫过于三代；而三代之兴，莫过于周大司徒以六德、六行、六艺教万民。三代而下，言治者称汉唐，然未知先王教化之意而人自为学。汉之士则党同妒道。唐之文则天宝之风尚党；大历之风尚浮，贞元之风尚荡，元和之风尚怪，其于教化固可知矣。

致使天下得到治理的在于人才，成就天下人才的在于教育，教育的根本在学校。学校的兴盛，没有超过夏商周三代的；可是三代兴办学校的盛况，没有超过周代大司徒以智仁圣义忠和、孝友睦姻任恤、礼乐射御书数教化百姓的境况。三代以后，说政治突出的首推汉代和唐朝，然而并不理解先王兴办教育的意义而使人各自治学。汉代的知识分子党同伐异。唐朝的文坛则是：天宝年间崇尚流派，大历年间崇尚浮华，贞元年间崇尚浪漫，元和年间崇尚怪诞，它在教化方面的作用就可想而知了。

——宋·胡瑗《松滋县学记》

教育人材，为根本计。

兴办教育培养人才，是国家的根本之计。

——明·宋濂《元史·廉希宪传》

图存救亡，舍教育无由。

图谋生存和挽救危亡，除了发展教育就没有别的路了。

——清·张謇《政闻录》

泰西之所以富强，不在炮械军兵，而在穷理劝学。

欧美国家之所以富强，不在炮舰军队，而在探求事理兴办教育。

——清·康有为《教学通议·序》

今日人才之弊，人才乏也。人才之乏，不讲学也。

今天人才的问题，是人才缺乏。人才的缺乏，是不讲求教育、学问。

——清·梁启超《万木草堂小学记》

修身以为弓，矫思以为矢，立义以为的，奠而后发，发必中矣。人之性也，善恶混，修其善则为善人，修其恶则为恶人。气也者，所以适善恶之马也欤！

以修养自身为弓，以矫正思想为箭，以树立正义为靶。定神凝思然后射击，射击就一定能射中。人的性，善恶混杂，修养善的一面就是善人，修养恶的一面就是恶人。充溢体内的气质，是乘着它走向善或恶的马吧！

——汉·扬雄《法言·修身》

兴衰资于人，得失在于教。

一个国家兴衰在于人才，成败在于教育。

——隋·王通《中说·立命》

人才为政事之本，而学校尤为人才之本也。

人才是国家政务的根本，而学校更是培养人才的根本。

——清·颜元《颜习斋先生年谱》

立太学以教于国，设庠序以化于邑。

设立太学以培育国家治理人才，设置学校以化育州县知识人才。

——明·张居正《宜都县重修儒学记》

非读书，不明理。要知事，须读史。

不读书，不明白道理。要了解历史事件，就必须读史书。

——清·李光庭《乡言解颐》

学校者，造就人才之地，治天下之本也。

学校是造就人才的地方，是治理国家的根本。

——清·郑观应《学校》

或曰："学无益也，如质何?"曰："未之思矣! 夫有刀者砻诸，有玉者错诸，不砻不错，焉攸用? 砻而错诸，质在其中矣，否则辍。"

有人说："学习没有好处，对人本质有何作用呢?"回答是："对这事没深思啊! 有刀的要磨砺它，有玉的要雕琢它。不磨砺，不雕琢，哪有用呢? 磨砺它，雕琢它，它们的内在本质体现出来了，否则本质不能体现。"

——汉·扬雄《法言·学行》

学校，王政之本也。古者政治之盛衰，视其学校之兴废。

学校的教育是国家政治的根本，从学校的盛衰可以反映出政治的兴衰变化。

——宋·欧阳修《吉州学记》

移风俗而成治功，莫善于取人以德，其本莫重于谨庠序之教。

要使风俗淳厚，政治清明，最好是选用德行的人任公职，从根本上说还是在于加强学校教育。

——清·颜元《习斋言行录》

学校，所以养士也。然古之圣王，其意不仅此也，必使治天下之具皆出于学校，而后设学校之意始备。

学校，是培养官吏的地方。可是古代圣明的君主，他的目的不仅限于这些，一定让治理天下的人才都出于学校，而后设立学校的目的才完备了。

——明·黄宗羲《明夷待访录》

目击世趋，方知治乱之关必在人心风俗，而所以转移人心整顿风俗，则教化纪纲为不可缺矣。百年必世养之而不足，一朝一夕败之而有余。

眼观世界发展趋势，才知治理乱世的关键必定在人们思想和社会风俗，可要转变人们的思想和整顿社会风俗，则教育和法纪是不可缺少的。数百年来培养它还显得不足，一朝一夕败坏它却常常有余。

——明·顾炎武《亭林文集》

欲求新政，必兴学校。

要革新政治，就必须大力兴办学校。

——清·梁启超《变法通议》

今欲自强，非讲兵不可；讲兵非理财不可，理财非学校以开民智不可。

今天要想自己强盛，非重视军队国防不可；重视军队国防非重视财政收入不可，增加财政收入非兴办学校、开启民众的智慧不可。

——清·康有为《请分别官差以行新政折》

自强之道，以作育人才为本；求才之道，尤宜以设立学堂为先。

自力图强的道路，以发展培育人才为根本；寻求人才的道路，尤其要以设立学校为首要的事情。

——清·盛宣怀《拟设天津中西学堂章程禀》

击石有火，不击元无烟。人学始知道，不学非自然。

石被打击然后有火，不击便不会生烟。人不学习，不会自然而然地获得知识。

——唐·孟效《劝学》

周人置虞庠于四郊，以养国老，教胄子。《祭统》曰：天子设四学，盖其制也……《保傅》曰：帝入东学以贵仁，入南学以贵信，入西学以贵德，入北学以贵爵。贾生述之以明太子之教焉。故曰为大教之宫，而四学具焉。参明堂之政，原大教之极，其建置之道宏也。后魏太和中，立学于四门，置助教二十人。隋氏始隶于国学，而降置五人。皇朝始合于太学，又省至三人。员位弥简，其官尤难，非儒之通者不列也。

周代在虞四郊设置学校，以赡养告老退职的卿大夫，教育他们的长子。《祭统》说：天子设置四类学校，这已成国家制度……《保傅》说：皇帝入东面的学校注重仁义教育，入南面的学校注重诚信教育，入西面的学校注重仁德教育，入东面的学校注重政治教育。贾生述说上述内容来对太子进行清楚明白的教育。所以说扩大教育到了宫廷，因而四类学校的地位就具备了。参照明堂教育的管理体制，探究扩大教育的最终目的，学校的建设规模和目的可说是宏大的了。后来魏国太和年间，在国都四门设立学校，每校安排教师二十人。隋代学校隶属国学馆，可是教师每校降到五人。唐朝开始将学校合到太学院，教师又减少到三人。人员职位更少，做教官尤其难，不是精通儒学的人是不能加入此行列的。

——唐·柳宗元《柳河东集》

国势之强弱，系乎人才；人才之消长，存乎学校。

国家势力的强弱，依附于人才盛衰；人才的盛衰，依存于学校。

——清·陈宝箴《时务学堂招考示》

图国家强立之基，肇国民普及之教育。

谋取国家强盛的根本，在创建国民的普及教育。

——清·张謇《通州师范学校仪》

政著于一时，而传于后世者显而易见；教垂于后，而其在当时则隐而难知。

政治效果显著一时，而影响后代的效果明显且容易看到。教育的效果影响未来，而教育影响未来的效果在当时则隐微而人难以明白。

——清·王夫之《四书训义》

治化之本，在于正人伦。人伦之正，存乎设庠序。

管理百姓和移易风俗的根本，在于纠正人与人之间的关系和应当遵守的行为准则。纠正人与人之间的关系和应当遵守的行为准则依存于学校教育。

——晋·王导 摘自《宋书》

古之善为道者，非以明民，将以愚之。民之难治，以其智多。

古代善于进行治理的人，不是用道使平民心理明亮，而是使他们愚昧。平民难于管治，就因其智慧多了的缘故。

——春秋·李耳《老子》

本育才兴学之意，为穷变通久之谋，此诚更化之始基，自强之要义也。

根据育才兴学的目的，做探究变革通达长久的谋划，这真是变革的基础，自强的重要义理。

——清·严复《奏请设经济专科折》

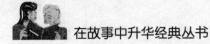

教育为开亿万人普通之识，不是为储少数人非常之才。

教育是为了开启整个民族的文化水平，不是为了储备少数拔尖人才。

——清·张謇《代苏抚条陈规复海军疏》

立人过人，全在讲学；移风易俗，全在讲学；拨乱反正，全在讲学；旋转乾坤，全在讲学。

成就人才天才，改变风气习俗，治平乱世使之回复正常，改造和建设世界，全都要依靠讲求教育、学问。

——明·李颙《匡时要务》

他事无宗旨犹可以苟且迁就，教育无宗旨，则寸毫不能有成。

其他事情没有目的还可拖延迁就，教育无宗旨，则丝毫不能有成就。

——清·梁启超《论教育当定宗旨》

根本之图，教育为亟。

强国富民的根本大计，以教育为最迫切。

——清·张謇《代苏抚条陈远规复海军疏》

心，灵物也；不用则常存，小用之则小成，大用之则大成，变用之至神。

心是灵物；不用就会被封存，小用就小成，大用就大成，灵活运用就神奇了。

——清·唐甄《潜书》

查自强之策，以教育人才为先；教战之方，以设立学堂为本。

探究国家自立图强的良策，以教育人才为最重要；施教战阵的道理，以设立学堂为根本。

——清·张之洞《设立武备学堂折》

夫瘠地之民多有心者，劳也。沃地之民多不才者，饶也。由此观之，知人无务，不若愚而好学。自人公卿至于庶人，不自强而功成者，天下未之有也。

贫瘠土地上的百姓大多有心计，是因为辛苦。肥沃土地上的百姓大多没有才能，是因为富裕。由此可见，聪明人不做事，不如愚笨的人好学。从当官的到百姓，不自强却成功的人天下是没有的。

——汉·刘安《淮南子》

用人养才为国家根本之计。

任用和培养人才，是国家根本的大计。

——清·张之洞《荣哀录》

人主所与治天下者，人材也；所以教育人材者，学校也。

君主用来治理国家的，是人才；用来教育人才的，是学校。

——清·陈澧《学校贡举私议》

立国由于人才，人才出于学校。

建立国家在于人才，人才培养在于学校。

——清·张謇《代鄂督条陈立国自强疏》

今日中国欲转贫弱为富强，舍学校更无下手处。

今天中国要想改变贫弱而走向富强，舍弃教育就再没有地方下手。

——清·张之洞《筹定学堂规模次第兴办折》

国势之强由于人，人材之成出于学。

国家势力的强大由于人才，人才的造就出自学校。

——清·张之洞《创设储才学堂折》

为国者，反民性，然后可以与民戚。民欲佚而教以劳，民欲生而教以死。劳教定而国富，死教定而威行。

治理国家，就要改造百姓的不良习性，然后才能与他们亲近。百姓贪图安逸，就要教育他们辛勤劳作，百姓贪生怕死，就要教育他们勇于牺牲。劳动教育成功了，国家才可致富，献身教育成功了，国家才有声威。

——春秋·管仲《管子·侈靡》

才智之民多则国强，才智之士少则国弱。

有才能知识的人多国家就强盛，有才能知识的人少国家就衰弱。

——清·康有为《公车上书》

亡而存之，废而举之，愚而智之，弱而强之，条理万端，皆归于学校。

灭亡而使之生存，荒废而使之复兴，愚昧而使之聪明，弱而使之变强，要做的事情很多，都归结为兴办学校教育。

——清·梁启超《变法通义》

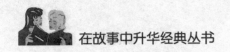

九、教育的任务内容

国待人而治，人待学而成。

国家靠人而得到治理，人靠学习而逐步成才。

——清·张謇《变法平议》

不患人之不己知，患不知人也。

不害怕别人不知道我，只害怕自己不能比人聪明。

——春秋·孔丘《论语·学而》

中国不贫于财而贫于人才，不弱于兵而弱于志气……保邦致治，非人无由。

中国不是贫弱在缺少财物而是贫弱在缺乏人才，不是贫弱在军事实力而是贫弱在国民志气……保卫国家，达到兴盛，不培养人才是没有别的出路的。

——清·张之洞《筹议变通政治人才为先折》

民可，使由之；不可，使知之。

百姓如果可以，就让他们按要求自由地生活；他们如果不可以，就使他们接受教育。

——春秋·孔丘《论语·泰伯》

益者三乐，损者三乐。乐节礼乐，乐道人之乐，乐多贤友，益矣。乐骄乐，乐佚游，乐宴乐，损矣。

有益的快乐有三种，有害的快乐有三种。以得到礼乐的调节为快乐，以宣扬别人的好处为快乐，以交了不少有益的朋友为快乐，便是有益的快乐。以骄傲为快乐，以游荡忘返为快乐，以饮宴荒淫为快乐，便是有害的快乐。

——春秋·孔丘《论语·季氏》

性相近也，习相远也。

人性情本相近，因为习染不同，便相距悬远。

——春秋·孔丘《论语·阳货》

读书虽可喜，何如躬践履。积金不积书，守财一何鄙。

教育箴言

读书虽然很高兴，不如亲自去实践。积累金钱而不积累知识，守财者是多么地鄙陋。

——清·刘岩《杂诗》

好仁不好学，其蔽也愚；好知不好学，其蔽也荡；好信不好学，其蔽也贼；好直不好学，其蔽也绞；好勇不好学，其蔽也乱；好刚不好学，其蔽也狂。

爱仁德却不爱学问，那种弊病就是容易被人愚弄；爱耍聪明，却不爱学问，那种弊病就是放荡而无基础；爱诚实，却不爱学问，那种弊病就是容易被人利用，反而害了自己；爱直率，却不爱学问，那种弊病就是说话尖刻，刺痛人心；爱勇敢，却不爱学问，那种弊病就是捣乱闯祸；爱刚强，却不爱学问，那种弊病就是胆大妄为。

——春秋·孔丘《论语·阳货》

博学而笃志，切问而近思，仁在其中矣。

广泛地学习，坚守自己的志趣，恳切地发问，多考虑当前的问题，仁德就在这中间了。

——春秋·孔丘《论语·子张》

大道之行也，天下为公。

治国的大道得以实行的时代，以天下为天下人所公有。

——春秋·孔丘 摘自《礼记·礼运》

今日要政，统于三端：一曰鼓民力，二曰开民智，三曰新民德。

现在治理国家的关键，在于做好三件事：一是使人民具有强健的身体，二是唤醒民众麻木的心灵，三是树立全新的道德观念。

——清·严复《劝学论》

故君子尊德行而道问学，致广大而尽精微，极高明而道中庸，温故而知新敦厚以崇礼。是故居上不骄，为下不倍。

所以君子要推崇德行，沿着问学的道路走下去，使自己的德行达到既广大无所不包而又极其细致精微，既达到极高明的境界而又践履中庸之道；要从温习仁义礼智等先天固有的德行出发，推出新的道德境界来；要做到既敦厚朴实而又崇尚礼仪。这样，在上位的人就不会骄傲，在下位的人就不会背道而行。

——战国·子思《礼记·中庸》

君子学以聚之，问以辩之，宽以居之，仁以行之。

君子通过学习以积累知识，通过问难以辨明是非，宽厚地跟别人居住，仁爱地和别人共事。

——周·姬昌《周易·乾卦》

珍其货而后市，修其身而后交，善其谋而后动，成道也。

把自己的货物弄好然后去交易，提高自身修养然后去交友，把谋略定好然后再行动，这是成功之道。

——汉·扬雄《法言·修身》

少年读诗，如隙中窥月；中年读诗，如庭中望月；老年读诗，如庭上观月。皆以阅历之深浅，为所得之深浅耳。

少年读诗，好像在缝隙中偷看月亮；中年读诗，好像在院子中观看月亮；老年读诗，好像在庭堂上欣赏月亮。这都因为阅历深浅的不同，收获多少也有所不同。

——清·张潮《幽梦影》

义与利者，人之所两有也。虽尧舜不能去民之欲利，然而能使其欲利不克好义也；虽桀、纣亦不能去民之好义，然而能使其好义不胜其欲利也。故义胜利者为治世，利克义者为乱世。上重义则义克利，上重利则利克义。

义与利这两者，是人所共有的，即使尧舜也不能去掉人民贪图私利，然而却能使人民贪图私利不胜过喜好公义；即使桀纣也不能去掉人民喜好公义，然而却能使人民喜好公义不胜过贪图私利。所以，公义胜过私利的是治世；私利胜过公义的是乱世。君主重视公义，公义就会胜过私利；君主重视私利，私利就会胜过公义。

——战国·荀况《荀子·大略》

谨权衡，审法度，修废官，四方之政行焉。兴灭国，继绝世，举逸民，天下之民归心焉。

检验并审定度量衡，修复已废弃的机关工作，全国的政令就都会通行了。恢复被灭亡的国家，承续已经断绝了的后代，提拔被遗落的人才，天下的百姓就都会心悦诚服了。

——春秋·孔丘《论语·尧曰》

大圣之治天下也，摇荡民心，使之成教易俗，举灭其贼心而皆进其独志，若性之自为，而民不知其所由然。

大圣人治理天下，鼓舞民心，使人民因受教育而改变陋俗，全都消除不良意念，全都增进自我教化的心志，好似本性在驱使他们活动，而人们又不知道之所以这样的道理。

——战国·庄周《庄子·田子方》

孔子曰："人有五仪：有庸人、有士、有君子、有贤人、有大圣。"哀公曰："敢问何如斯可谓庸人矣？"孔子对曰："所谓庸人者：口不能道善言，心不知色色，不知选贤人善士托其身焉，以为己忧，勤行不知所务，止交不知所定，日选择于物，不知所贵，从物如流，不知所归，五凿为正，心从而坏，如此则可谓庸人矣。"哀公曰："善。敢问何如斯可谓士矣？"孔子对曰："所谓士者：虽不能尽道术，必有率也；虽不能遍美善，必有处也。是故，知不务多，务审其所知，言不务多，务审其所谓，行不务多，务审其所由，故知既已知之矣，言既已谓之矣，行既已由之矣，则若性命肌肤之不可易也，故富贵不足以益也，卑贱不足以损也，如此则可谓士矣。"哀公曰："善。敢问何如斯可谓君子矣？"孔子对曰："所谓君子者，言忠信而心不德，仁义在身而色不伐，思虑明通而辞不争，故犹然如将可及者，君子也。"哀公曰："善。敢问何如斯可谓贤人矣？"孔子对曰："所谓贤人者：行中规绳，而不伤于本，言足法于天下，而不伤于身，富有天下而无怨，财布施天下而不病贫，如此则可谓贤人矣。"哀公曰："善。敢问何如斯可谓大圣矣？"孔子对曰："所谓大圣者，知通乎大道，应变而不穷，辨乎万物之情性者也；大道者，所以变化遂成万物也，情性者，所以理然不取舍也，是故，其事大辨乎天地，明察乎日月，总要万物于风雨，缪缪肫肫，其事不可循，若天之嗣，其事不可识，百姓浅然不识其邻，若此则可谓大圣矣。"哀公曰："善。"

孔子说："人有五种品行：有庸人、有士人、有君子、有贤人、有大圣。"哀公问："请问怎么样叫做庸人？"孔子回答说："所说的庸人：口里没有文明言语，心里没有谦逊意念，不知选择贤能的人并托身于他，因此为自己忧患，不断劳作却不知干的什么，停止交游不知依据是什么，平日选择事物，不知哪些是贵重的，随从客观环境像流水没有目的，判断事物以感觉器官为主，心不起作用，这可说是庸人。"哀公说："好。请问怎么样叫做士人？"孔子回答说："所说的士人：虽不能完全精通道德学术，但必有做人的标准；虽不能做得美好完善，但必有立身的原则。因此，不务求知道太多，必审查他知道什么，不务求语言过多，必审查他说的是什么，不务求行动太多，必审察行动的缘由。所以既然知道知识重要就要去追求，既然知道言谈的意义就去表达，既然知道行动的目的就去实行，就像性命肌体不可交换一样，所以富贵不能令他自满，卑贱不能令他自损，这样的人堪称为士人。"哀公说："好。请问怎么样叫做君子？"孔子回答说："所说的君子：说话诚实守信而心里不违背德性，具备仁义而面上并不夸耀，思虑通晓而言辞上并不争执，所以像容易接近的人，是君子。"哀公说："好。请问怎么样叫做贤人？"孔子回答说："所说的贤人：行动适合规则而不伤害人的本性，言语足使天下人听从而自身不会招致伤害，富有天下的财物而人不怨恨嫉妒，财物布施天下而不怕困顿贫穷，这样的人可说是贤人。"哀公说："好。请问怎么样叫做大圣？"孔子回答说："所说的大圣：心智与大道相通，应变万物而不会穷尽，能明察万物的情况和本性的人；大道，是自然变化最终化成万物的情况和本性，用以处理是否取舍的依据。因此，这事伟大得遍布天地，清楚得能察日月，统领万物在风雨之中，精妙和美，其事一般人不能够遵守，像天道运行不息，其事不易认知，百姓见识浅薄，不识圣人大道与上天相接，这样的人可说是大圣。"哀公说："好。"

——战国·荀况《荀子·哀公》

君子惠而不费，劳而不怨，欲而不贪，泰而不骄，威而不猛。

君子使百姓得到好处，而自己却无所消耗；劳动百姓，百姓却不怨恨；自己欲仁欲义，却不贪图财利；安泰矜持却不骄傲；威严却不凶猛。

——春秋·孔丘《论语·尧曰》

古之欲明明德于天下者，先治其国。欲治其国者，先齐其家。欲齐其家者，先修其身；欲修齐身者，先正其心。欲正其心者，先诚其意。欲诚其意者，先致其知。致知在格物。

古时想发扬光大圣明道德于天下的人，首先要治理好自己的国家；想治理好自己国家的人，先要整治好自己的家族；想整治好自己家族的人，先要提高自身道德修养；想提高自身道德修养的人，先要端正自己的心态；想端正自己心态的人，先要使自己意念真诚；想使自己意念真诚的人，先要招致自己的良知；招致自己良知在于校正自己的思想根源。

——战国·曾参《礼记·大学》

孔子过泰山侧，有妇人哭于墓者而哀。夫子式而听之，使子路问之。曰："子之哭也，壹似重有忧者？"而曰："然。昔者吾舅死于虎，吾夫又死焉，今吾子又死焉。"夫子曰："何为不去也？"曰："无苛政。"夫子曰："小子识之！苛政猛于虎也。"

孔子经过泰山旁边，有一妇人在坟墓上哭得非常伤心。孔子扶着车前面的横木听她哭，派子路去问她说："您的哭，实在像是有重大伤心事情。"妇人说："是这样，先前我的公公被老虎伤害了，我的丈夫又死在老虎之口，如今我的儿子又被老虎吃了。"孔子说："为何不离开这地方呢?"妇人说："这里偏僻,无苛刻的政治压迫。"孔子说："年轻人记住它:暴虐的政治比老虎还凶恶。"

——汉·戴圣《礼记·檀弓》

子路为蒲令,备水灾,与民春修沟渎,为人烦苦,故予人一箪食,一壶浆。孔子闻之,使子贡止之,子路忿然不悦,往见夫子曰:"由也以暴雨将至,恐有水灾,故与人修沟渎以备之,而民多匮于食,故与人一箪食,一壶浆,而夫子使赐止之,何也?夫子止由之行仁也,夫子以仁教而禁其行仁也,由也不受!"子曰:"尔以民为饿,何不告于君,发仓廪以给食之,而以尔私馈之?是汝不明君之惠,见汝之德义也。速已则可矣,否则尔之受罪不久矣。"子路心服而退也。

子路任蒲地长官,预防水灾,跟百姓春天修渠,因为百姓辛苦,所以每人供给一盒食物,一壶米汤。孔子听了,使子贡制止他,子路愤愤地不高兴,前往见孔子说:"我子由,因暴雨将到,怕有水灾,因此和百姓修渠防备,可是百姓多食物少,所以给每人一盒食物,一壶米汤,可老师派子贡制止了,为什么?老师阻止我行仁义之事了。老师以仁义教诲我们,可又禁止我行仁义之事,我子由,不接受!"孔子说:"你因百姓为此饥饿,为什么不告诉给君王,发官仓粮食供百姓食用,而以你个人的财物馈赠百姓,是你不突现君王的恩惠,宣扬你的德义。迅速停止还可以,否则你不久将会获罪。"子路心悦诚服地回去了。

——汉·刘向《说苑·臣术》

人无远虑,必有近忧。

一个人没有长远的考虑,一定会有眼前的忧患。

——春秋·孔丘《论语·卫灵公》

孔子曰:人其国,其教可知也。其为人也,温柔敦厚,《诗》教也;疏通知远,《书》教也;广博易良,《乐》教也;洁净精微,《易》教也;恭俭庄敬,《礼》教也;属辞比事,《春秋》教也。故《诗》之失愚,《书》之失诬,《乐》之失奢,《易》之失贼,《礼》之失烦,《春秋》之失乱。

孔子说:到这国家,这教育情况就知道了。他们的做人,言谈温柔,性情敦厚,是《诗》教育的结果;通达事理,远知史事,是《书》教育的结果;见识广博,性情温和,是《乐》教育的结果;纯洁干净,精深微妙,是《易》教育的结果;恭敬俭约,庄重敬畏,是《礼》教育的结果;记载史情,叙述史实，是《春秋》教育的结果。所以教《诗》谨防出现愚迂的失误，教《书》谨防出现虚妄不实的失误，教《乐》谨防出现奢靡的失误，教《易》谨防出现虚妄害理的失误，教《礼》谨防出现繁文缛节的失误，教《春秋》谨防出现褒贬不当导致混乱的失误。

——春秋·孔丘　摘自《礼记·经解》

学以治之，思以精之，朋友以磨之，名誉以崇之，不倦以终之，可谓好学也已矣。

用博学来修身治性，用深思来抉择是非，凭广交朋友来磨炼自己，借扩大声誉来提高自己，靠坚持不懈来完善自己，可称得上好学了。

——汉·扬雄《法言·学行》

国民必须具有新道德、新思想、新精神。

一个国家的人民必须具有新道德、新思想、新精神。

——清·梁启超《新民说》

人生而静，天之性也；感于物而动，性之欲也。

人活着喜欢平静，是天生的本性；被事物感悟而且行动，是人本性具有的欲望。

——宋·叶适《习学记言》

春秋大一统者，天地之常经，古今之通谊也。今师异道，人异论，百家殊方，指意不同，是以上亡以持一统，法制数变，下不知所守。臣愚以为诸不在六艺之科，孔子之术者，皆绝其道，勿使并进，邪辟之说灭息，然后统纪可一而法度可明，民知所从矣。

《春秋》是重视一统的，是天地之间普通的经典，古今以来通晓的义理。现在老师传的道各不相同，人们的思想彼此相异，诸子百家，所求不同，因此君主不能维持一统，法制多次变化，百姓不知遵守的是什么。我认为那些不在六艺科目、孔子学术的，都断绝其发展的道路，不能使他们共同发展，邪辟的学说熄灭了，然后学术系统就可统一，而且法律制度就可明确，百姓就知道遵从的是什么了。

——汉·董仲舒《对策三》

完全之人物不可不备其真美善之三德，欲达此理想，于是教育之事起。教育之事亦可分为三部：智育、德育、美育是也。

全面发展的人不可不具备真善美三种品德，想要实现这个理想，从教育工作开始。教育工作也可分为三部分：是智育、德育、美育三部分。

——清·王国维《论教育之宗旨》

少而好学，如日出之阳；壮而好学，如日中之光；老而好学，如炳烛之明。

少年喜好学习如同初升太阳那么鲜亮；壮年喜好学习如同中午的阳光光芒四射；老年喜好学习如同燃烛照明一样。

——汉·刘向《说苑·建本》

于学生在学校时，令其研究一切社会应用之事，则学校愈多，国家愈进步；盖人之机能愈用愈发达，如专在纸的学问上用功夫，则空耗费脑力而已。

学生在学校时，让他们研究一切社会上应用的事情，那么学校愈多，国家愈进步；人的机能愈用愈发达，如果专一在书本上用工夫，就是白白地耗费脑力罢了。

——清·梁启超《饮冰室文集》

古之教者，教以人伦。后世记诵词章之习起，而先王之教亡。今教童子，惟当以孝弟忠信礼义廉耻为专务；其栽培涵养之方，则宜诱之诗歌，以发其志意；导之习礼，以肃相威仪；讽之读书，以开其知觉。今为往往以歌诗习礼，为不切时务，此皆末俗庸鄙之见，乌足以知古人立教之意哉！

古代从事教育的人，教育人懂得人情伦理。以后世上教育，记忆背诵诗词文章的习气兴起，可是先王教育的主旨消失了。现在教育儿童，惟有当以孝、悌、忠、信、礼、义、廉、耻为专一的任务；其栽培涵养的方法，就应该诱导他学习诗歌，来激发他的志气；指导他练习礼仪，来培养威严庄重的仪表；讽劝他读书，来开启他的智力。现今是常常把诵读诗歌、练习礼仪，当作不切合时务的做法，这都是末世的庸俗僻陋的见识，哪里知道古人设立教育的旨意呢！

——明·王守仁《王阳明全集》

"人心惟危，道心惟微"。心，道之所在；微，道之体也。心与道，浑然一也。对放其良心者言之，则谓之道心。放其良心则危矣，"惟精惟一"，所以行道也。

"人心是危险的，道心是善良的"。心是道的处所，道是心的载体。心和道，浑然一体。对散失良性的人讲它，就要对他说道心。散失良性就危险了，"专精惟一"，所以要推行道义。

——宋·程颐《伊川学案》

故凡诱之歌诗者，非但发其志意而已，亦所以泄其跳号呼啸于咏歌，宣其幽抑结滞于音节也。导之习礼者，非但肃其成仪而已，亦所以周旋揖让。而动荡其血脉，拜起屈伸，而固束其筋骸也。讽之读书者，非但开其知觉而已，亦所以沈潜反复而存其心，抑扬讽诵以宣其志也。凡此皆所以顺导其志意，调理其性情，潜消其鄙吝，默化其粗顽，日使之渐于礼义而不苦其难，入于中和而不何其故，是盖先王立教之微意也。

所以凡是诱导他学习诗歌，不但激发他的志气，也用来在歌咏时发泄他内心激动的情绪，在音节中宣泄他心中的幽抑结滞情感。指导他练习礼仪，不但培养威严庄重的仪表，也用来交际礼让，而且活动血脉，屈伸礼拜，而且能强壮他的筋骨。讽劝他读书，不但能开启智力，也用来深思琢磨培养心智、抑扬顿挫地诵读宣泄心志。这些都是用来引导他的心志、调理他的性情、逐步消除他的粗野吝色、暗自化解他的粗俗顽劣，每天使他习惯于礼仪而不因它困难感到痛苦，吸收了各方面的知识可是不知其原因，这是先王设立教育的深刻意义。

——明·王守仁《王阳明全集》

人心，私欲，故危殆；道心，天理，故精微。灭私欲，则天理自明矣。

人心，是产生私欲之地，所以不安而危险；道心，是存自然之理的处所，所以专精惟一不变。熄灭人的私欲，自然之理自然就光大了。

——宋·程颐《程氏遗书》

一日不学则心坠，一时不敬则心放。

一天不学习意志就坠落，一时不谨慎心意就放纵了。

——清·申居陨《西岩赘语》

师之过，商之不及，皆知者贤者也。其有过不及者，质之偏，学之不能化也。若夫愚不肖则安取此？道之不明与不行，岂愚不肖者致之哉？今将号于天下曰：知者过，愚者不及，是以道不行，然则欲道之行，必处知愚之间矣；贤者过，不肖者不及，是以道不明，然则欲道之明，必处贤不肖之间矣。且任道者，贤与智者之责也。安其质而流于偏，故道废；尽其性而归于中，故道兴。愚不肖何为哉？

子张过分，子夏赶不上，但都是智慧贤良的人。那些太过分或赶不上的，是材质有些片面，学习不能消化。像那些愚昧不贤的怎能采取这种态度？道义不光大不推行，哪是愚昧不贤的人造成的？现在将对天下宣扬说：智慧的太过分，愚昧的赶不上，因此道义不能推行，然而要想道义推行，必定要处在智慧和愚昧之间了；贤能的过分，不贤的赶不上，因此道义不能光大，然而要想道义光大，必定要处在贤能和不贤之间。而且担任道义的，是贤能与智慧的人的责任。安于自己材质趋向于片面，所以道义荒废；完全使自己的本性归于中庸，所以道义就兴盛。愚昧不贤能干什么呢？

——宋·叶适《习学记言》

言有教，动有法，昼有为，宵有得，息有养，瞬有存。

说话有教养，行动有法则，白天有作为，晚上有心得，休息有所保养，醒时有所收获。

——宋·张载《正蒙·有德篇》

知之必好之，好之必求之，求之必得之。古人这个学是终身事，果能颠沛造次必于是，岂有不得道理。

懂得它必定喜好它，喜好它必定追求它，追求它必定能得到它。古人的这个学习是终生的事情，果然能在颠沛流离、仓促匆忙时也一定这样，哪有没收获的道理。

——宋·程颐《二程语录》

何谓化天下之人为士，尽以入官为一害？使天下有羡于为士而无羡于入官，此至治之世，而《兔罝》之诗所以作也。盖羡于为士则知义，知义则不待爵而贵，不待禄而富，穷人情之所歆慕者而不足以动其自守之勇。今也举天下之人总角而学之，力足以勉强于三日课试之文，则器器乎青紫之望盈其前，父兄以此督责，朋友以此劝励。然则尽有此心，而廉隅之所砥砺，义命之所服安者，果何在乎？

为何说教化天下的人成为有知识的人，都以当官是一大坏事？使天下都羡慕做有知识修养的人而不羡慕当官，这是天下大治时代。所以周文王时有了《兔罝》这样的诗。人羡慕当官就应懂得道义，懂得了道义，就不以追求爵位而尊贵，不以追求俸禄而富有，有看透羡慕读书人的心思而不因为他们想法去改变自己操守的勇气。现在人从幼儿起就为科举而读书，竭尽全力来应付三天科举考试的文章，那么强烈地做官欲望充溢在眼前，父兄以此来督促责备，朋友以此来规劝勉励。这样，天下人都有这种心态，在清廉偏僻之地奋斗献身，为正义事业岗位服务的安心的人，真的还有吗？

——宋·叶适《水心集·科举》

惟六艺尽人宜习之，但有专精，兼通之分耳。

惟有六艺所有的人都适宜学习，但是有专一精深，兼备相通的区分。

——清·李塨《论学》

孔氏未尝以辞明道，内之所安则为仁，外之所明则为学，学则亦经也。

孔门学派未曾只凭言论宣扬道义，认为内部做到心安理得就是仁道，外部做到明察事理才是学问，这样学问也就是经典了。

——宋·叶适《习学记言》

且古之所以言天者，盖以愚蚩蚩者耳，非为聪明睿智者设也，或者之未达，不思之甚也。

而且古时人所以宣扬天，是用来愚弄那些老实人的，不是为聪明睿智的人设置的，有的人未认识到就相信，不是很动脑子。

——唐·柳宗元《柳河东集》

先王知天下者一人之所能有，而非一人之所能为也。是故以天下而为天下。夫以天下而为天下者，隆民之所尊，教民之所贤，用之以时而不使壅，养之有源而不使患，故其要在士。

古代君王知道天下他一人能拥有，并不是他一个人能治理的。因此要靠天下人治理天下。靠天下人治理天下的办法，是培养百姓所尊崇的人才，教给本性贤能的才德，按季节让他们劳作不致使受到蒙蔽，有资源养育他们不让断绝。所以这关键在朝廷官员。

——宋·叶适《水心别集》

人知周之尚文，而不知周之尚武……夫井田寓兵于农，既已无人非兵，而又无时不习，岂后世右文左武者所可比。

人们知道周代崇尚知识，而不知道周代崇尚武力……井田制度下寄养士兵在农户，大概已经没有人不是士兵，而且又没有一天不练习，哪是后代将文人集中右边，军人安排在左边的统治者所能比较的。

——清·李塨《平书订》

孝弟忠信，体也；兵农相礼，用也。能孝弟忠信，而不能兵农相礼，不失为善士（砫砫小人是）；能兵农相礼，而不能孝弟忠信，终陷于小人（祝鮀治宗庙是）。体自重于用矣。但欲求圣学，则体用去一不可耳！

孝、悌、忠、信，是人生活的规则；士兵和百姓相互和谐，是人生活的保障。能孝、悌、忠、信，不能重视军队和百姓的和谐，不失为善良之人；能重视军队和百姓的和谐，不能够孝、悌、忠、信，最终陷入小人之中。人生活的规则重于人生活的保障。但是想求到圣人的学问，那么规则和实用离开哪一面都不行。

——清·李塨《论学》

六艺，大学之实事也。今云入大学更不甚学事，只理会理，何不观《内则》为学之序乎？且理与事亦何可分也。

六艺，大学的实际教学内容。现在有人说进入大学再不注重学习实际本事，只注重义理，为什么不看《内则》中治学的序言呢？而义理与本事也怎么能分呢。

——清·李塨《大学辨业》

《周官》言，道则兼艺，贵自国子弟，贱及民庶皆教之。

《周官》上说：仁道包含技能，尊贵到首都的士大夫子弟，贫贱到民间的老百姓，都应以仁道去教育他们。

——宋·叶适《习学记言》

人不患无才，识进则才进；不患无量，见大则量大，皆得之于学也。

人不用担忧没有才能，知识增多了则才能就可以提高；人不用担忧没有气量，见识广了气量就大了，增长才识、拓展胸怀都是从学习中取得的。

——明·高攀龙《语录》

学求有用，当人先求有用。目尽明之用，耳尽聪之用，心尽睿之用，以至言貌皆然。若视、听、言、貌、思块然，颓然，不端、不灵、不大、不远，虽日讲经济，无所用之。

要求学问有用，应当先要求人有用。眼睛要有看清事物的作用，耳朵要有听清声音的作用，心灵要有睿智的作用，以至于语言、形貌都应这样。如果观看、倾听、言语、形貌、心思是凝固的，萎靡的，看不准确、听不灵敏、说不宏大、想不高远，虽然每天都讲治理国家，也无所用处。

——清·李塨《恕谷年谱》

《诗》云："桃之夭夭，其叶蓁蓁。之子于归，宜其室家。"宜其家人，而后可以教国人。

《诗经》说："桃花开得红艳艳的，桃树的叶子绿油油的。这个姑娘要出嫁了，那人的家庭更和睦了。"家人友善，然后可以教国人友善。

——战国·曾参《礼记·大学》

十年树木，百年树人。

培养树木是数十年的事，培育人才是上百年的事。

——春秋·管仲《管子》

六艺为圣贤学习实事。孔子习礼、学乐、执射、执御、笔削、会计无不精当，可证。

六艺是圣贤学习的实际内容，孔子练习礼仪、学习礼乐、执弓射箭、执

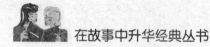

鞭驾车、书写文书、计算数目没有不精当的。可以证明。

——清·李塨《圣经学规纂》

学所以定情理性而积众善者也。情定于内而行于外，积善于心而名显于教。故中人之性，随教而移。善积则习与性成。唐虞之时，皆比屋而可封，及其废也。而云可诛，岂非化以成俗，教移人心者哉！

学习用来陶冶性情并培养人们善良的美德。情趣养成在内心就会以行动表露在外，美德养成在内心就会扬名显露在教育上。所以一般人的品性会随着教育有变化，长期修德成了习性就会形成一定的性格。唐尧虞舜时代，家家都可以受到封赐，这是教化的成功呀。等到教化废弛，夏桀商纣时代的百姓人人都可以受到责罚，难道不是教化形成风俗，教育改变人的品性吗！

——晋·虞溥《移告属县》

明德亲民德行六艺，何理不具。然理虽无不通，而事则各有其分……空言易全，实事难备，故治赋为宰，圣门各不相兼。

光大仁德、爱护百姓、道德操行以及学习六艺，什么道理不具备呢。然而道理虽然没有不相通的，可是事情则各有不同……空谈很容易周全，实际做事很难完备，所以作赋为主宰，圣人门下的做法各不兼容。

——清·李塨《论学》

一年之计，莫如树谷；十年之计，莫如树木；终身之计，莫如树人。一树一获者，谷也；一树十获者，木也；一树百获者，人也。

一年要考虑的事，没有像种五谷这样重要的了；十年要考虑的事，没有像栽树木这样重要的了；终身要考虑的事，没有像培养人这样重要的了。培植以后一年就有收获的，是庄稼；培植以后十年才有收获的是树木；培植以后百年才有收获的，是人才。

——春秋·管仲《管子》

质的张而弓矢至焉，林木茂而斧斤至焉，树成荫而众鸟息焉，醯酸而蜹聚焉。故言有召祸也，行有招辱也。君子慎其所立乎！

箭靶张设了，箭就向这里射来；森林的树木茂盛了，伐木者就拿着斧子来砍伐了；树木成荫，群鸟就来栖息；醋发酸了，蚊子就飞来聚集。所以说话有时会招来灾祸，做事有时会招来耻辱，君子要谨慎地立身处世啊！

——战国·荀况《荀子·劝学》

何谓"至行"？曰"庸行"。何谓"大人"？曰"小心"。何以"上达"？曰"下学"。何以"远到"？曰"近恩"。

什么是至高无上的品行？即从小事做起、甘做平常人的事。什么是道德高尚的人？即从严要求自己、又认真做事的人。如何能不断进步？即刻苦读书。如何能实现远大的理想？即能面对现实、思虑未来。

——清·金缨《格言联璧》

《周礼》："大司徒以乡三物教万民而宾兴之。一曰六德：智仁圣义忠和；二曰六行：孝友睦姻任恤；三曰六艺：礼乐射御书数。"此物字正格物之物，古圣之学也。

《周礼》记载："大司徒用以前三方面内容教育百姓顺从他的管理。一是六德：智仁圣义忠和；二是六行：孝友睦姻任恤；三是六艺：礼乐射御书数。"这三方面的文字内容，正是纠正事物的依据，是古代圣人的学问。

——清·李塨《大学辨业》

有孺子歌曰："沧浪之水清兮，可以濯我缨；沧浪之水浊兮，可以濯我足。"孔子曰："小子听之，清斯濯缨，浊斯濯足矣。自取之也。"夫人必自侮，然后人侮之；家必自毁，而后人毁之；国必自伐，而后人伐之。太甲曰："天作孽，犹可违；自作孽，不可活。"此之谓也。

有个少年唱："沧浪的水清呀，可以洗我的头发；沧浪的水浊呀，可以洗我的两脚。"孔子说："学生们听着，水清就洗头发，水浊就洗两脚，这都是自己决定的。"所以，人必先有自取侮辱的行为，别人才侮辱他；家必先有自取毁坏的因素，别人才毁坏它；国必先有自取讨伐的原因，别人才讨伐它。尚书太甲篇说："天造的罪孽还可以逃开，人造的罪孽难以逃脱。"正是这个意思。

——战国·孟轲《孟子·离娄》

吾日三省吾身——为人谋而不忠乎？与朋友交而不信乎？传不习乎？

我每天多次反省自己——替别人办事是否尽心竭力了呢？同朋友往来是否诚实呢？老师传授我的学业是否复习了呢？

——战国·曾参 摘自《论语·学而》

授人以鱼，不如授之以渔。授人以鱼只救一时之饥，授人以渔则可解终生之需。

将鱼送给人，不如将捕鱼的方法教给人。将鱼送给人只能解救一时之饥饿，将捕鱼方法教给人则能解决一生的需要。

——春秋·李耳《老子》

生知者只是他生自知义理，不待学而知。纵使孔子是生知，亦何害于学，如问礼于老聃，访官名于郯子，何害于孔子。礼文官名，既欲知旧物，又不可凿空撰得出，须是问他先知者始得。

生来就知道的人，只是他生来自然知道义理，不等待他学习就知道。纵使孔子是生来就知道的，学习对他有什么妨害，如他向老聃请教礼，向郯子访问官名，对自己有什么妨害。礼仪的形式，官职的名称，既然想知道过去的事物，又不能凭空捏造杜撰出来，必须是请教先知道的人才能获得的。

——宋·程颐《伊川学案》

十、教育的原则方法

教，上所施，下所效也。

教育，就是老师在上面传授，学生在下面仿效。

——汉·许慎《说文解字注》

导其性、广其志、养其才、鼓其气、攻其病，废一不可。

（教育孩子有五条）开导他的性情、开阔他的志向、培养他的才能、鼓励他的气势、纠正他的过失，五者缺一不可。

——宋·家颐《教子语》

有教无类。

在施行教化和接受教育方面，人并无类别之分。

——春秋·孔丘《论语·卫灵公》

不言而教，无形而心成。

不用言语实施教学，使学生无形之中从心里领会而有所得。

——战国·庄周《庄子·德充符》

子路问："闻斯行诸？"子曰："有父兄在，如之何其闻斯行之？"冉有问："闻斯行诸？"子曰："闻斯行之。"公西华曰："由也问'闻斯行诸'，子曰'有父兄在'；求也问'闻斯行诸'，子曰'闻斯行之'。赤也惑，敢问。"子曰："求也退，故进之；由也兼人，故退之。"

子路问："有所耳闻就应该付诸行动吗？"孔子回答说："有父兄在上，怎么能轻率从事？"冉有问："有所耳闻就应该付诸行动吗？"孔子说："听到就去做。"公西华听了说："子路和冉有问相同的问题，但先生何以回答不同，对子路否定，而对冉有却予以肯定呢？"孔子回答："冉有做事退缩，所以我激发他去行动，子路好勇争胜，所以我要拦一拦他。"

——春秋·孔丘《论语·先进》

立志欲坚不欲锐，成功在久不在速。

立志要坚定不要急切，成功在持久不在于迅速。

——宋·张孝祥《论治休礼子》

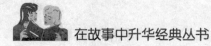

德育、智育、体育三者，为教育上缺一不可之物。

德育、智育、体育三方面，是教育缺一不可的内容。

——清·梁启超《梁启超文集》

自行束修以上，吾未尝无诲焉。

只要主动地给我一点见面礼，我从来没有不教诲的。

——春秋·孔丘《论语·述而》

古人虽胎教，与保傅之教，犹胜今日庠序乡党之教。古人自幼学，耳目游处，所见皆善，至长而不见异物，故易以成就。今人自少所见皆不善，才能言，便习秽恶，日月消铄更有甚天理？须人理皆尽，然尚以些秉彝消铄尽不得，故且恁过。一日之中，起多少巧伪，萌多少机阱，据此个熏蒸，以气动气，宜乎圣贤之不生，和气之不兆也。

古人虽有怀胎期间的教育，和辅导一类的教育，还胜过现在学校对百姓的教育。古人从小学习，耳朵眼睛涉及到的地方，显示的都是善的事物，到长大看不到异常事物，所以容易成就他们。现在的人从小看到的都是不善的事物，刚会说话，便习惯污秽罪恶事物，随着日月流逝还有什么天理？须是做人的道理都完了，然而还有少许人应秉持的常理消失不得，姑且这般过活。一天之中，不知生起多少巧伪事情，萌发多少陷阱害人，依据这个影响，以坏风气带动坏风气，适宜圣贤的环境不会产生，太平气象不会有什么征兆了。

——宋·程颢《二程语录》

未闻枉己而能正人者也。

没有听说过自身不端正而能纠正别人的。

——汉·刘安《淮南子·诠言训》

王汝中、省曾侍坐。先生握扇命曰："你们用扇！"省曾起对曰："不敢。"先生曰："圣人之学，不是这等捆缚苦楚的，不是装做道学的模样。"汝中曰："观仲尼与曾点言志一章略见。"先生曰："然！以此章观之，圣人何等宽宏包含气象。且为师者问志于群弟子，三子皆整顿以对。至于曾点，飘飘然不看那三子在眼，自去鼓起瑟来，何等狂态。及至言志，又不对师之间目，都是狂言。设在伊川，或斥骂起来了，圣人乃复称许他，何等气象。圣人教人，不是个束缚他通做一般，只如狂者便从狂处成就他，狷者便从狷处成就他。人之才气，如何同得。"

王汝中、省曾陪着老师坐息。老师拿着扇子对他们说："你们用扇子！"省曾站起回答说："不敢。"老师说："圣人学习，不是这般死板痛苦，不是装作道学家模样。"汝中说:"看孔子与曾点谈论志向一章大略可明白。"老师说:"是,以这一章描写的来看,圣人是怎样宽容宏大的气象。而且做老师的向众弟子询问志向,三个弟子整齐地回答。至于曾点,飘飘然不把那三个同学看在眼里,自己离开,鼓起瑟来,是怎样的狂态。倒说自己的志向,又不直接回答老师的题目,都是狂言。假设这在程颐先生那里,或许斥骂起来了,圣人反而还赞许他,是什么气象。圣人教育人,不是束缚他们通通做得一样,狂放的便从狂放处成就他,狷介的就从狷介处成就他。人的才能气质,怎样能培养得相同。"

——明·王守仁《传习录》

数子十过,不如奖子一长;数过不该也徒伤情,奖长易功也且全恩。

数落孩子十处过错,不如奖励孩子一项长处;数落过错孩子不能改正,也白白地伤害孩子的情感;奖励长处孩子容易成功,而且可保全长者恩义。

——清·颜元《习斋言行录》

鞭扑之子,不从父之教。

饱受鞭打体罚的孩子,是不服从父母的教诲的。

——宋·孔猛《孔子家语》

国多财则远者来,地辟举则民留处,仓廪实而知礼节,衣食足而知荣辱。

国家财物富裕,远方的民众才愿归顺,疆土开垦人才重用,人民才能安居乐业;仓库殷实才知道礼节,丰衣足食才明白荣辱。

——春秋·管仲《管子》

夫良医之治病,随其疾之虚实强弱,寒热内外,而斟酌加减,调理补泄之,要在去病而已,初无一定之方,不问证候之如何,而必使人人服之也。君子养心之学,亦何以异于是?

良医治病,根据病人身体的虚弱强实,寒热在体内外表,斟酌增减药量,调理补给或排泄,要害在祛病罢了。起初并没有一定的方法,不问症候如何,一定使人人都服用的。君子培养心性的学问,也怎么能与这不相同?

——明·王守仁《与刘元道书》

人之质性各异,当就其质性之所近,心志之所愿,才力之所能以为学,则易成圣贤,而无龃龉扞格,终身不就之患。

人的气质本性各不相同,应当从他的气质本性的近处、心灵志向的愿望、才能能力的程度来实施教学,就容易培养成圣明贤能的人,而且没有龃龉顽固,终身不学好的忧患。

——清·颜元《四书正误》

119

人的资质不同，施教不可躐等。

人的资质不相同，实施教育就不能超越等级。

——明·王守仁《王文成公全书》

离娄之明，公输子之巧，不以规矩，不能成方圆；师旷之聪，不以六律，不能五音；尧舜之道，不以仁政，不能平治天下。

就是有离娄的目力，公输般的技巧，如果不用圆规和曲尺，也不能正确地画出方形和圆形；就是有师旷审音的耳力，如果不用六律，便不能校正五音；就是有尧舜之道，如果不行仁政，也不能管理天下。

——战国·孟轲《孟子·离娄》

悔思是去病之药，然以改之为贵，若留滞于中，则又因药发病。

悔恨是改正错误的良药，然而以改正为宝贵，若悔恨留在心中，就会又因为原来的错误产生新的错误。

——明·王守仁《传习录》

圣人恒善救人，而无弃人。

圣人常常善于解救别人，可是不抛弃别人。

——春秋·李耳《老子》

以身教者从，以言教者讼。

以行动育人的人，别人遵从他；靠言语教育人的人，别人埋怨他。

——南朝·范晔《后汉书·钟离宋寒列传》

逢生麻中，不扶自直；白沙在涅，与之俱黑。

蓬草生在丛麻当中，不去扶持它也挺直；白沙混入黑土中，会变得跟黑土一样黑。

——战国·荀况《荀子·劝学》

攻人之恶毋太严，要思其堪受；教人以善毋过高，当使从。

责备别人的过错不要太严厉，要考虑他能接受；教育他人向善时，标准不要过高，应当使其能遵从。

——明·洪应明《菜根谭》

爱之不以道，适所以害之也。

热爱子女不从道义出发，正是在危害他们了。

——宋·司马光《资治通鉴》

教子工夫，第一在齐家，第二在择师。若不能齐家，则其子孩提以来，爱憎謷笑，必有不能一轨于正者矣，虽有良师，化诲亦难。

教育子弟的功夫，第一在整治家族，第二在选择老师。若不能把家族整治好，那么他的子弟从小时候起，爱憎哀乐，必定有不能完全规范到正确方面的地方，这时虽然有良师，再教诲他改正也就难了。

——明·陆世仪《思辨录辑要》

家教宽中有严，家人一世安然。

家庭教育宽容里面包含严格，家里人一辈子都平安无事。

——明·吕得胜《小儿语》

非其地，树之不生；非其意，教之不成。

不是植物生长的土地，种植植物不会生长；不符合孩子的习性，教育孩子不会成功。

——汉·司马迁《日者列传》

致知在格物。格，至也。穷理而至于物，则物理尽。

获取自己良知苏觉在于穷究事物的原理。格，到达的意思。穷究事理，到达于物，那么事物的义理就清楚了。

——宋·程颢《明道学案》

人谁无过，过而能改，莫为大焉。

一个人谁能没有过错，有了过错能够改正，没有比这更重要的事情了。

——春秋·左丘明《左传·宣公二年》

夫过者自大贤所不免，然不害其卒为大贤者，为其能改也。故不贵于无过而贵于能改。

犯错误的事，对非常贤良的人来说也是难免的。但是不妨害他最终成为贤良的人，因为他能改掉错误。所以不犯错误并不可贵，能改正错误却是可贵的。

——明·王守仁《王文成公全书》

君子之爱子，导之以道而勿强。

君子喜爱自己的孩子，以道义诱导他，可是不强迫他。

——战国·荀况《荀子·大略》

学者如其所有，又在养其所有。

学习的人应该了解他所要掌握的知识，又要涵于已有的知识之中。

——宋·程颢《明道学案》

人生学随时进，如春花秋实，自有节次。

人一生求学与时俱进，如草木春天开花秋天结果一样，有它自身的规律和顺序。

——清·申涵光《荆园小语》

学者须学文，知道者惟进德而已。有德则"不习无不利"，"未有学养子而后嫁"，盖先得是道矣。学文之功，学得一事是一事，二事是二事，触类至于千百，至于穷尽，亦只是学不是德。有德者不如是。故此言可为知道者言，不可为学者言。如心得之，则旋于四体，"四体不言而喻"。譬如学书，若未得者须心手相须而学，苟得矣，下笔便能书，不必积学。

学习的人必须学习文献，懂得道义的人惟有进修德性罢了。有德性则"不练习也没有不顺利"，"没有学会养孩子再出嫁"，先得到的是道义。学习文献的功效，学会一件事是一件事，两件事是两件事，触类旁通到了几千几百，以致无穷无尽，也只是学问不是德性。有德性的人不如此。所以此话可给懂道的人说，不可给学习的人说。如果有心得了，就表现在手足四肢，"在手足四肢的动作上，不必言语，别人也一目了然"。譬如学习写字，如果没有心得的东西，必须心和手相互都需要学习，如果心得有了，下笔便能写，不必等到学懂了再写。

——宋·程颢《明道学案》

人之情，食欲有刍豢，衣欲有文秀，行欲有舆马，又欲夫余财蓄积之富也。然而穷年累世不知足，是人之情。

人之常情，吃饭希望有肉食，穿衣希望有华服，行路希望有车马，又希望积蓄多余的财物以致富。然而穷年累月仍不知满足，这就是人的常情。

——战国·荀况《荀子》

养其谊，藏其伪，时其节，慎其施。

培养他的道义，抑藏他的奸诈，时间上要有安排，慎重地实施教育。

——汉·刘向《说苑·建本》

君子欲讷于言而敏于行。

君子言语要谨慎朴实，工作要勤劳敏捷。

——春秋·孔丘《论语·里仁》

习者亦以外物为习也，习于外而生于内，故曰："习与性成。"

读书人也要以客观事物为学习对象，在客观事物中学习，在内心中生成认识，所以说："学习和心性是相互促成的。"

——清·王夫之《读四书大全说》

知行常相顾，如目无足不行，足无目不见。论先后，知为先；论轻重，行为重。

认识和实践常常相互联系，如眼睛没有脚不能前行，脚没有眼睛不能到达。论先后，认识在前；论轻重，实践为重。

——宋·朱熹《朱子语类辑略》

习移其心，而心所发还成乎习。

习惯改变人的心性，可是心性的表现还在于习惯。

——清·王夫之《四书正义》

心中醒，口中说，纸上作，不从身上习过，皆无用也。

心中明白，口里论说，纸上练习，不从自身实习过，都是没有用的。

——清·颜元《存学篇》

恶者是外物染乎性，非人之气质矣。

人变恶是情性受外来不良影响的结果，而不是人的气质决定的。

——清·颜元《存性编·性理评》

方其知之，而行未反之，则知尚浅。既亲历其域，则知之益明，非前日之意味。

才对它有所认识，可是实践中没有反过来证实它，那么认识还很肤浅。已经亲历那里，则对它的认识就更加明确，不是过去知道的意思了。

——宋·朱熹《性理精义》

古者八岁入小学，十五入大学，此自是正理。然古者人心质朴，风欲淳厚，孩提至七八岁时，知识尚未开。今则人心风俗，远不如古，人家子弟至五六岁，已多知诱物化矣，又二年，而始入小学，即使父教师严，已费一番工夫，况父兄之教，又未必尽如古法乎！故愚谓今之教子弟入小学者，决当自五六岁始。

古时候孩子八岁上小学，十五岁上大学，这自然是正理。然而古时候人心质地纯朴，风俗纯厚，孩子到七八岁时，认识还没启蒙。现在人心风俗，远远不如古人，人家孩子到五六岁，已经多被引诱变化了，又过二年，才上小学，即使父亲老师严格教育，已需费一番功夫，何况父兄的教育，又未必完全像古时候的教育方法！所以我说现在教育孩子要上小学，应当从五六岁开始。

——明·陆世仪《思辨录辑要》

小学之书，文公所集备矣。然予以为古人之意，小学之设，是教人由之，大学之教，乃使人知之。今文公所集，多穷理之事，则近于大学；又所集之语多出《四书》、《五经》，读者以为重复；且类引多古礼，不谐今俗；开卷

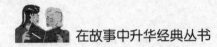

多难字，不便童子，此小学所以多废也。

小学教材，朱熹搜集完备了。然而我认为古人的目的，小学的设立，是为了教育人听从使命；大学教育，是为了教人懂得道义。现在朱熹搜集整理的教材，探究义理的内容太多，就接近于大学的内容；收集的内容又多出自《四书》《五经》，读者以为重复；而且比喻引用大多遵循古代礼制，不跟现今风俗和谐；翻开书难认的字太多，不便于孩子学习，这是小学教育大多废弛的缘由。

——明·陆世仪《思辨录辑要》

凡人有记性，有悟性。自十五以前，物欲未染，知识未开，由多记性，少悟性；自十五以后，知识既开，物欲渐染，则多悟性，少记性。故人凡有所当读书，皆当自十五以前，使之熟读，不但《四书》、《五经》，即如天文、地理、史学、算学之类，皆有歌诀，皆须熟读。

人都有记性，有悟性。从十五岁以前，物质的欲望没有被沾染，智慧认识没有开启，记性多，悟性少。从十五岁以后，知觉认识已经开启，物质的欲望渐渐被沾染，就悟性多，记性少了。所以人凡是有需要读书的，都应当从十五岁以前，让他认真读书，不但《四书》、《五经》，而且天文、地理、史学、算学之类，都有学习的歌诀，都必须熟读。

——明·陆世仪《思辨录辑要》

天下善恶皆天理，谓之恶者非本恶。但或过或不及便如此，杨墨之类。

天下有善、有恶，这都是自然之理，说他恶的不是他原本就恶。但是有的过分、有的不及便是这样，像杨朱、墨翟之流。

——宋·程颢《明道学案》

欲雪其耻而不讲求学问，则无资；欲求学问而不求普及国民之教育，则无与；欲教育普及国民而不求师，则无导。故立学校须从小学始，尤须先从师范始。

欲雪国家耻辱可是不重视学问，就没有资本；欲寻求学问可是不要求普及国民教育，就没有对象；欲普及国民教育可是不求助教师，就没有向导。所以设立学校必须从小学开始，尤其必须要先从师范教育开始。

——清·张謇《师范学校开学演说》

君子耻其言而过其行。

君子以为可耻的，是说得多，做得少。

——春秋·孔丘《论语·宪问》

吾见世间无教而有爱，每不能然。饮食运为，恣其所欲，宜诫翻奖，应诃反笑，至有识知，谓法当尔，骄慢已习，方复制之，捶挞至死而无威，忿怒日隆而增怨，逮于成长，终为败德。孔子曰："若少成天性，习惯如自然。"，是也。俗谚曰："教妇初来，教儿婴孩"，诚哉斯语。

我看世上有些父母，对子女不加教诲，只一味地溺爱，往往不能如此。对子女的饮食及行为举止，任其为所欲为，应当训诫时反而夸奖，应当训斥时反而高兴，等到孩子懂事以后，孩子还以为本来就应当那样，当孩子骄横轻慢的习性已经养成的时候，才去管教、制约，即使将他们鞭抽棍打致死，也难以再树立父母的威信了。父母的火气一日日增加，子女对父母的怨恨也日益加深，等到孩子长大成人以后，最终还是道德败坏。孔子说："少年时期就形成天性，习惯就成自然了。"这是很对的。俗话说："教育媳妇要从刚进门开始，教育孩子要从婴儿时候开始。"这话是很有道理的。

——北齐·颜之推《颜氏家训》

及之而后知，履之而后艰，乌有不行而行知者乎？

接触它之后才有认识，实践它之后才知艰难，哪有不去可是有经历和认识的？

——清·魏源《默觚》

性非气质则无所寄，气非天性则无所成。

人的本性没有气质就无所寄托，人的气质没有本性就无所成就。

——宋·朱熹《朱子语类》

按《洪范》耳目之官不思而为聪明，自外入以成其内也；"思曰睿"，自内出以成其外也。故聪人作哲，明人作谋，睿出作圣；貌言亦自内出而成于外。古人未有不内外交相成而至于圣贤，故尧舜皆备诸德，而以聪明为首。盖以心为官，出孔子之后，以性为善，自孟子始。然后学者尽废古人入德之条目，而专以心性为宗主，虚意多，实力少，测知广，凝聚狭，而尧舜以来内外交相成之道废矣。

按《洪范》的说法，耳朵和眼睛的官能不思考而能听清看明，是从外部进入形成了耳目内的反映，是感性认识；《洪范》篇上说"人经过思考才能聪明"，即从内心产生表现在外面，即理性认识；所以能听清事的做哲人，能看明事的做谋士，能想通事的做圣人；人的形貌言语也是在内心形成而表现在外部的。古人没有不把感性认识和理性认识相结合而达到圣贤的，所以尧舜都具备各种德能，而以耳聪目明为先。人以心为主管，在孔子以后；人以本性善良为基础，从孟子开始。然而现在学者完全废除古人培养人的道德条目，以人的心性为专一的宗主，其学说虚空的理论多，实际实践的少，推测预知

125

的广，综合归纳的窄，可是尧舜以来内心认识与行动实践相互促成的理论基本就废弃了。

——宋·叶适《习学记言》

教子须是以身率先。每见人家子弟，父兄未尝着意督率，而规模动定，性情好尚，辄酷肖其父，皆身教为之也。念及此，岂可不知自省。

教育子女必须是以身作则在前。常见人家子弟，父亲兄长未曾着意去督促、做表率，可是气度行止，性情爱好，就很像他父亲，都是身体力行教育的结果。想到这里，哪能不自己反省。

——明·陆世仪《思辨录辑要》

昔孔子称愤启悱发，举一而返三；而孟子亦言充其四端，至于能保四海，往往近于今之所谓悟者。然仁必有方，道必有等，未有一造而尽获也，一造而尽获，庄佛之妄也。

从前孔子称道，教导学生，不到他想探求明白而不得的时候，不去开导他；不到他想说出来的时候，不去启发他，举已知的一件事类推相似的其他事理；可是孟子也说人要扩充四种德性，至于能定天下，往往和今天所说的觉悟相近。然而宣扬仁爱必定有方法，推行道义必定有层次，没有一旦达到仁道境地就能获得一切的，一旦达到仁道境地就能获得一切，是庄子、佛家的虚妄之言。

——宋·叶适《陈叔向墓志铭》

所养非所用，所用非所养；理家必弊，在国必危。

培养的不是需要的，需要的不是培养的；管理家庭必定坏事，治理国家必定危险。

——唐·陈子昂《上策问机要事》

人与人较，其材质等差凡几，古圣贤知人之材质有等差，是以重学问，贵扩充。

人与人比较，他的材质等级没有多少差别，古代圣贤识人材质有等级差别，是从重视学问的程度，强调扩充知识的范围方面讲的。

——清·戴震《孟子字义疏证》

少而习焉，其心安焉，不见异物而迁焉。

小时候学习，用心专一，不会见异思迁。

——春秋·管仲《管子·小匡》

桓公曰："定民之居，成民之事，奈何？"管子对曰："士、农、工、商，四民者，国之石民也，不可使杂处，杂处则其言哤，其事乱。是故圣王之处士必就（於）间燕（间黄：乡校），处农必就田壄，处工必就官府，处商必就市井。"

桓公问："使百姓各有其居，使百姓各成其事，该怎样做呢？"管子回答说："士人、农民、手工业者、商人这四种人，是国家的基石，不可让他们杂居，杂居就会人杂言乱，还会影响各自工作。所以圣明的君主，应把读书人安置在书院，把农民安置在田野，把手工业者安置在作坊，把商人安置在街市。"

——春秋·管仲《管子·小匡》

礼节民心，乐和民声，政以行之，刑以防之。

用礼节制人们的心情，用音乐来调和人们的心声，用政令来规范人们的行动，用刑罚来防止人们的越轨行为。

——汉·戴圣《礼记·乐记》

行可兼知，而知不可兼行……君子之学，未尝离行以为知也必矣。

实践能够包含认识，可是认识不能代替实践……君子治学，未曾有离开实践认为认识必到的情形。

——清·王夫之《尚书引义》

国因时势而迁移，则学亦宜从时势而改变。

治国之法要依据时势的变化而改变，治学之法也要根据时势的变化而改变。

——清·高旭《学术沿革之概论》

父子之严，不可以狎；骨肉之爱，不可以简。简则慈孝不接，狎则怠慢生焉。由命士以上，父子异宫，此不狎之道也。抑搔痒痛，悬衾箧枕，此不简之教也。

以父亲的威严，就不该对孩子过分亲昵；以至亲的相爱，就不该不拘束于礼节。不拘束于礼节，慈爱孝敬都谈不上；过分亲昵，放肆不敬之心就会产生。从有身份的读书人往上数，他们父子是分室居住的，这就是不过分亲昵的办法；当晚辈的替长辈抓搔，收拾卧具，这就是讲究礼节的道理。

——北齐·颜之推《颜氏家训》

今人之性，生而有好利焉，顺是，故争夺生而辞让亡焉；生而有疾恶焉，顺是，故残贼生而忠信亡焉；生而有耳目之欲，有好声色焉，顺是，故淫乱生而礼义文理亡焉。

人的本性，生来就贪名利，顺其发展，争夺就此产生，谦让就此消失；生来就嫉妒憎恨，顺其发展，残害就此产生，忠信就此丧失；生来就想听想看，喜好声色，顺其发展，淫乱就此产生，礼义法度就此丧失。

——战国·荀况《荀子·性恶》

"学如不及，犹恐失之"，傅说："终始典于学。"，《颂》："学有缉熙于光明。"，言学之功用大矣，然未有如此其急。如此其急，自孔子始也。时习，节也；如不及，节之峻疾者也。非如不及，不足以得之也。

"做学问好像追赶什么似的，生怕赶不上去，赶上了，还生怕丢掉"，老师说："始终在于学习。"，《颂》上说："学问发扬光大就有前途。"，说的是学习的作用是很大的，然而没有如此急迫。如此急迫地学习的人，从孔子开始就有了，经常地学习，还要有节奏；像赶人怕赶不上，节奏就要特别加快了。没有像赶人怕赶不上的意识，是不能有收获的。

——宋·叶适《习学记言·论语》

学欲速不得，然亦不可怠。才有欲速之心，便不是学。学是至广大的事，岂可以迫切之心为之。

学习想求快是没有收获的，然而也不能懈怠。刚开始学习便有求快的心理，便不是学习。学习是向广、博发展的事情，哪能以迫切的心情对待它。

——宋·程颐《二程语录》

今夫工，群萃而州处，相良材，审其四时，辨其功苦，权节其用。论比计制，断器尚完利，相语以事，相示以功，相陈以巧，相高以知事。且昔从事于此，以教其子弟。少而习焉，其心安焉，不见异物而迁焉。是故其父兄之教，不肃而成；其子弟之学，不劳而能。夫是故工之子常为工。

手工业者居住在一起，共同挑选优质材料，审视其在四季的特征，比较其优劣，权衡其功用。评论其等级，考究其规格，判断可成的器物与获得的利润。互相谈论工作，互相展示作品，互相表演技巧，互相比试智慧，早晚都反复做着这些事情，并用此来教导子弟。小孩从小得到训练，心也安于此，就不会见异思迁。所以父兄的教导不严厉也可成功，子弟学习技术不用劳心劳力自然能够成功。所以从事手工业的，他们的子辈也多会从事手工业。

——春秋·管仲《管子·小匡》

今夫农，群萃而州处。审其四时，权节具备其械器用，比耒耜谷芨。及寒，搏击槁除田，以待时乃耕。深耕，均种，疾耰，先雨芸耨，以待时雨。时雨既至，挟其枪刈耨鎛，以旦暮从事于田壄。税衣就功，别苗莠，列疏遫，首戴苫蒲，身服被襖，沾体涂足，暴其发肤，尽其四肢之力，以疾从事于田野。少而习焉，其心安焉，不见异物而迁焉。是故其父兄之教，不肃而成；其子弟之学，不劳而能。是故农之子常为农。朴野而不慝，其秀才之能为士者，则足赖也。故以耕则多粟，以仕则多贤，是以圣王敬畏戚农。

现在农民聚集居住在一起，共同观察季节变化，权衡时令准备农具来用，如耒耜、谷芨。寒霜来临，农民就会下田除草，等待春耕时令到来然后进行耕种。到了春耕时节，农民又会一起互相帮助翻土、下种、及时盖上土。还未下雨，就要把土垦松，除去杂草，等待春雨。雨过后，又带着割草的农具除草的家具下田劳作，这样从早到晚在地里忙碌。有时为了干活方便，脱下衣服在田里干活，区分着禾苗、莠草，分列疏密，头戴斗笠，身穿蓑衣，光着身子，赤着脚，皮肤暴露在外被晒得黝黑，出尽全身的力量，动作迅速地在田间从事农事。小孩们从小就看惯了这样的劳动场面，他们的心也安于此，而不会见异思迁。所以父兄的教育不用太严厉就能达到目标；子弟们的技能学习不用劳心劳力，自然就能学会。所以农民的儿子，往往也是农民。他们的性格朴实而不奸诈，如果才能高的还有机会晋升为士族阶层。在这种环境中长大的人，耕种就可以生产很多粮食；从事政务，也会有很大的作为。这就是圣明的君主敬重关心农民的原因了。

——春秋·管仲《管子·小匡》

今夫商，群萃而州处，观凶饥，审国变，审其四时，而监其乡之货，以知其市之贾。负任担荷，服牛辂马，以周四方。料多少，计贵贱，以其所有，易其所无，买贱鬻贵，是以羽旄不求而至，竹箭有余于国，奇怪时来，珍异物聚。旦昔从事于此，以教其子弟。相语以利，相示以时，相陈以知贾。少而习焉，其心安焉，不见异物而迁焉。是故其父兄之教，不肃而成，其子弟之学，不劳而能。夫是故商之子常为商。

商人居住在同一个地方，平时众人一起商讨年景好坏，审视国家的变故，四季不同的供需，以便知道市场货物的价格。挑着重担包袱，驾驭牛车马车周游列国。估计需要多少，讨价还价，或用自己大量拥有的来交换自己所缺乏的，又能够贱买贵卖，所以羽旄等精巧装饰品就会轻易到手，奇怪珍稀的物品会按时令接踵而至，珍品也会随人的所需聚散。从早到晚都从事交易买卖，也用这些来教导子弟。互相谈论获利的心得，显示自己把握时机的能力，互相探讨行情。小孩子们从小看到的都是这些事情，心安于此就不会见异思迁了。所以，父兄教导子弟不用太过严厉，就能达到

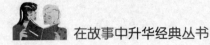

传授经验的目的；子弟学习不用太费劲自然能学到手，所以商人的后代也往往是商人。

——春秋·管仲《管子·小匡》

问：心有善恶否？曰：在天为命，在义为理，在人为性；主于身为心，其实一也。心本善，发于思虑则有善有不善。若既发则可谓之情，不可谓之心。

有人问："人心有善的或者恶的吗？"回答说："对天来讲主宰是命运，对义来讲主宰是道理，对人来讲主宰是本性，对于人生的主宰是心灵，它们实质上是一样的。心性是善的，由于思欲的萌发就有善或不善。如果已经有所萌发就可说是性情，不能说是心灵了。

——宋·程颐《程氏遗书》

才禀于气。气有清浊，禀其清者为贤，禀其浊者为愚。

人的才能取决于其气质。气质有清有浊，接受清明的就是贤人，接受混浊的就是愚人。

——宋·程颐《二程遗书》

先生施教，弟子是则，温恭自虚，所受是极。见善从之，闻义则服。温柔孝悌，毋骄恃力。志毋虚邪，行必正直。游居有常，必就有德。颜色整齐，中心必式。夙兴夜寐，衣带必饰。朝益暮习，小心翼翼。一此不懈，是谓学则。

老师进行教学，弟子要遵守规则，温顺谦恭虚心，所教授的就能完全接受。见善就跟着去做，见义就身体力行。性情温柔孝敬父母兄长，不要骄横自恃勇力。心志不可虚邪，行为必须正直。出外居家都要遵守常规，一定要接近有德行的人。容颜保持端正，内心必须合于规范。早起晚睡，衣带必须整齐。朝学暮习，总是要小心翼翼。专心遵守这些而不懈怠，这就是学习的规则。

少者之事，夜寐蚤作。既拚盥漱，执事有恪。摄衣共盥，先生乃作。沃盥彻盥，汛拚正席，先生乃坐。出入恭敬，如见宾客。危坐乡师，颜色毋作。

学子的本分，要晚睡早起。清扫席前即洗手漱口，做事说话要恭敬谨慎。轻提衣襟摆好盥洗之器，才请先生漱口洗脸。泼掉脏水撤去洗盆，洒扫室屋摆好讲席，先生方可入坐讲席。弟子出入要保持恭敬，其景如同会见宾客。端坐面向老师，面容保持恭敬。

受业之纪，必由长始，一周则然，其余则否。始诵必作，其次则已。凡言与行，思中以为纪，古之将兴者，必由此始。后至就席，狭座则起。若有宾客，弟子骏作。对客无让，应且遂行，趋进受命，所求虽不得，必以反命，反坐复业。若有所疑，奉手问之。师出皆起。

接受先生讲课的次序，一定要从年长弟子开始，第一遍可这样进行，以后则不必如此。首次诵读必须站起，以后无需如此。凡是说话做事，心中要以中和之道为则，古代有所作为的人，一定由此开始。同学迟到入席就坐，邻座应站起让座。若有宾客来到，要迅速起立。对客人不可怠慢，若有问询，边应边快步前来接受指示。客人要求虽不能完成，也须回来告知。然后回去学习。若有疑难，拱手请教。先生走出，学生起立相送。

至于食时，先生将食，弟子馔馈。摄衽盥漱，跪坐而馈。置酱错食，陈膳毋悖。凡置彼食：鸟兽鱼鳖，必先菜羹。羹胾中别，胾在酱前，其设要方。饭是为卒，左酒右浆（酱）。告具而退，奉手而立。三饭二斗，左执虚豆，右执挟七，周还而贰，唯嗛之视。同嗛以齿，周则有始，柄尺不跪，是谓贰纪。先生已食，弟子乃彻。趋走进漱，拚前敛（板）祭。

到了用饭的时候，先生准备进食，弟子把饭菜送上。挽起衣袖洗漱之后，跪着把饭菜奉给先生。摆放醋酱和饭菜，不可杂乱无章。凡是上菜次序：鸟兽鱼鳖肉食，必先于蔬菜羹汤。羹与肉相间排列，肉放在酱的前方，席面摆设要方整。饭食最后端上，左面放酒右面放酱。饭菜摆好即可退下，拱手立于一旁。一般是三碗饭和两斗酒，弟子左手拿碗，右手拿勺，将酒饭轮流添上，注意着杯碗将空的尊长。碗都空了给年长者先盛。周而复始，用长勺盛饭不跪，这并不违反规矩。先生吃饭完毕，弟子撤下食具。赶忙为先生送来漱口器具，再清扫席前收拾餐具。

先生有命，弟子乃食，以齿相要，坐必尽席。饭必捧擎，羹不以手。亦有掘膝，毋有隐肘。既食乃饱，循咡覆手，振衽扫席，已食者作。抠衣而降，旋而乡席。各彻其馈，如于宾客。既彻并器，乃还而立。

先生有吩咐，弟子才进餐。按年龄大小邀请入坐，坐席要尽量靠前。吃饭要端起饭碗，汤不能溢到手上。两手可靠在膝头，两肘不可伏在桌面。待至吃饱，擦净嘴和手。挽衣卷袖，打扫饭桌，是吃罢饭的人的事。整衣离开席位，立即面向席桌。各自撤下用餐器具，像对宾客一般谨慎。撤离席位收起食器，才可回来站立等待先生。

凡拚之道：实水于盘，攘臂袂及肘，堂上则播洒，室中握手。执箕膺擖，厥中有帚。入户而立，其仪不忒。执帚下箕，倚于户侧。凡拚之纪，必由奥始。俯仰磬折，拚毋有彻。拚前而退，聚于户内。坐板排之，以叶适己，实帚于箕。先生若作，乃兴而辞。坐执而立，遂出弃之。既拚反立，是协是稽。

关于洒扫的做法：把清水打进盆里，把衣袖挽到肘部，堂屋宽广可扬手洒水，内室窄小应捧水近洒。提拿筐子夹着簸箕，里面放上扫帚。进屋里站立，仪容不能随便。拿起扫帚放下簸箕，把它靠在门侧。洒扫的顺序，须从西南角扫起。擦扫时上上下下，不要碰倒东西。从前往后退着洒扫，垃圾聚在门里。蹲下用木板端走垃圾，垃圾簸箕口对着自己，扫帚放在其中。先生如果要做，便高兴地制止。端上箕帚站起，出门倒掉垃圾。洒扫完毕回来站立，这就合乎规矩。

暮食复礼。昏将举火，执烛隅坐。错总之法，横于坐所。栉之远近，乃承厥火。居句如矩，蒸间容蒸。然者处下，奉椀以为绪。右手执烛，左手正栉。有堕代烛，交坐毋倍尊者。乃取厥栉，遂出是去。

晚饭仍要遵守礼仪。天黑准备点燃灯烛，要将灯烛放在屋角。安放柴禾的方法，应横放在所坐之地。注意烛火的长短，要及时接续，并安放在原地。灯烛柴禾之间要有空间。烛灰落下，要用碗来接着。拿灯时右手抓灯柄，左手护灯火。有人疲倦他人接替，轮番值班不可背向老师。最后收拾灰烬，出去倒掉。

先生将息，弟子皆起。敬奉枕席，问所何趾；倚衽则请，有常则否。先生既息，各就其友，相切相磋，各长其仪。周而复始，是谓弟子之纪。

先生将要休息，弟子都要服侍。恭敬地奉上枕席，问老师足向何处；第一次铺床要问清楚，以后即无需再问。先生已经休息，弟子会同学友，互相切磋琢磨，各自加深理解讲义。周而复始，坚持始终，这都是做弟子的规矩。

——春秋·管仲《管子·弟子职》

古今学问之途，大致有三：或事于义理，或事于制数，或事于文章；事于文章者，等而末者也……圣人之道，在《六经》：汉儒得其制数，失其义理；宋儒得其义理，失其制数。譬有人焉，履泰山之巅，可以言山；有人焉，跨北海之涯，可以言水。二人者不相谋，天地间之巨观，目不全收其可哉？

古今做学问的途径，大致有三种：有的从事于义理的研究，有的从事于数学研究，有的从事于文学研究；从事于文学研究的，按等级来分是最后一等了……圣人治学之道，体现在《六经》：汉代的学者懂得《六经》的数学，对义理研究不够；宋代学者懂得义理，对数学研究不够。譬如有人呢，登过泰山高峰，就能够谈论山了；有人呢，渡过北海到岸，就可以谈论水了。两人的目的不相同，天地间的巨大景象，眼睛不能全看到，他能都谈论吗？

————清·戴震《与方希原书》

性出于天，才出于气。气清时才清，气浊时才浊。譬犹木焉：曲直者，性也；可以为栋梁，可以为榱桷者，才也。才则有善与不善，性则无不善。

本性出于自然，才能出于气质。气质清爽的时候才能就清明，气质混浊的时候才能就暗弱。譬如树木：弯曲的，或者挺拔的，是它的本性；可以用作栋梁，可用作榱子，是它的才质。才有善和不善，性则没有不善的。

————宋·程颐《二程语录》

智者千虑，必有一失；愚者千虑，必有一得。

聪明的人思考一千次，肯定会有失误的一次；愚笨的人思考一千次，必定会有成功的一次。

————汉·司马迁《淮阴侯列传》

古者政教始于乡里，其法起于比、闾、族、党、州、乡、酂、遂，以相联属统治。故民相安而亲睦，刑法鲜犯，廉耻易格，此亦人情之所然，行之则效，亦非有古今之异者也。

古时政令教化从乡里开始，其办法是从比、闾、族、党、州、乡、酂、遂做起，以便相互联系统一管理。所以人民相安无事而且和睦相处，很少有触犯刑法的人事，人的正直和羞耻等品行容易扶正，这也是人情理之中的，做起来就有成效，也无有古今不同的。

————宋·程颢《明道文集》

善学者尽其理，善行者究其难。

善于学习的人，能了解其中的道理；善于实践的人，能探究事物的关键。

————战国·荀况《荀子·大略》

世事洞明皆学问，人情练达即文章。

世事洞察明白都是学问，人情老练通达就是文章。

————清·曹雪芹《红楼梦》

圣人之道，未有不一者也，一则未有不贯者也，二三则非道矣。

圣人做学问的方法是专一，能专一就可融会贯通；如果三心二意，就不是圣人的治学方法。

————明·朱舜水《朱舜水集》

心如水，性犹水之静，情则性之流，欲则水之波澜。

人心好比一潭水，品性犹如水的静态，情感则是品性的流淌，欲望则是

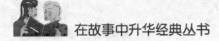

水里掀起的波澜。

——宋·朱熹《朱子语类》

人生识字忧患始。

人学习知识要从艰难困苦起步。

——宋·苏轼《石苍舒醉墨堂》

仁之难成久矣，惟君子能之。是故君子不以其所能者病人，不以人之所不能者愧人。是故圣人之制行也，不制以己，使民有所劝勉愧耻以行其言。礼以节之，信以结之，容貌以文之，衣服以移之，朋友以极之，欲民之有壹也。

仁道难以修成是很久的了，只有君子能修成。因此君子不能因为自己有所才能就挑人的毛病，不能因为别人有所不能就令人羞愧。因此圣人制订行为规则，不用圣人自身做标准，是让百姓中的贤良者自勉，不肖者自耻，来实践行为规范。用礼节来节制，以信义来团结，用仪容来文饰，以朋友来促进，这是想要使人民专心向善。

——春秋·孔丘　摘自《礼记·表记》

官施而不失其宜，拔举而不失其能，毕见其情事而行其所为，行言自为而天下化，手挠顾指，四方之民莫不俱至，此之谓圣治。

政令措施没有不适宜的，选拔人才没有失其才能的，看清事情的真相，然后顺着形势做应该做的，一言一行都是圣人自然而然地发出的，那么天下的百姓就自然而然受到感化了，挥挥手，示示意，四方人民没有不顺从的，这就叫圣明的政治。

——战国·庄周《天地》

徒静坐不能知性也，即曰知之，亦属依稀。徒读书不能穷理也，即实穷之，亦属口耳。

白白地静坐着是不能感知人性的，就是说知道它了，也属于迷迷糊糊的。空洞地读书不能探求事理，就是真的探求到了，也是道听途说的罢了。

——清·李塨《论学》

天、地、人号为三才，人须是顶天立地，不亏其分量方好。

天、地、人称为三才，人必须是顶天立地的，不让他们的价值有所亏损才好。

——清·张伯行《困学录集粹》

十一、教育的改革发展

善学者之于心，治其乱，收其放，明其蔽，安其危。

善于学习的人会管住自己的心，不让其混乱，不让其放荡，去掉所受到的蒙蔽，使不安的情绪平静下来。

——宋·杨时《二程粹语·论学》

"博学而笃志，切问而近思"，仁则在其中矣。学者要思得之。了此便是彻上彻下之道。

"广泛地学习，坚守自己的志趣，恳切地发问，多考虑当前的问题"，仁德就在这中间了。学习的人要深思领会它。到此则是融会贯通的方法。

——宋·程颢《明道学案》

先进于礼乐，野人也；后进于礼乐，君子也。如用之，则吾从先进。

先学习礼乐而后做官的是未曾有过爵禄的一般人，有了官位而后学习礼乐的是卿大夫的子弟。如果要我选用人才，我主张选用先学习礼乐的人。

——春秋·孔丘《论语·先进》

子为政，焉用杀？子欲善而民善矣。君子之德风，小人之德草。草上之风，必偃。

你治理政治，为什么要杀戮？你想把国家搞好，百姓就会好起来。君子的作风好比风，百姓的作风好比草。风向哪边吹，草就向哪边倒。

——春秋·孔丘《论语·颜渊》

宽则得众，信则民任焉，敏则有功，公则说。

宽厚就会得到群众的拥护，守信就能得到别人的任用，勤敏就会有功绩，公平就会使百姓高兴。

——春秋·孔丘《论语·尧曰》

故圣人云：我无为而民自化，我好静而民自正，我无事而民自富，我无欲而民自朴。

所以圣人说：我顺其自然，百姓自会顺化。我喜欢清静，百姓自会端正。

我不多事扰民，百姓自会富裕。我没有贪欲，百姓自会淳朴。

——春秋·李耳《老子》

得道者多助，失道者寡助。寡助之至，亲戚畔（叛）之；多助之至，天下顺之。以天下之所顺，攻亲戚之所畔，故君子有不战，战必胜。

得到正义的人帮助他的便多，失去正义的人帮助他的就少。帮助他的少到极点，连自己的亲戚也会背叛他；帮助他的多到极点，天下的人都愿意臣服。让天下都臣服他的人去攻打连亲戚都背叛他的人，所以仁德的君子要么不打仗，一打仗就必定战无不胜。

——战国·孟轲《孟子·公孙丑》

天时不如地利，地利不如人和。

有利的时机和气候不如有利的地势，有利的地势不如人的齐心协力。

——战国·孟轲《孟子·公孙丑》

贵以身为天下，若可以寄天下。爱以身为天下，若可以托天下。

崇尚献身于治理天下的人，才可以把天下寄托于他。爱重献身治理天下的人，才可以把天下托付于他。

——春秋·李耳《老子》

举直错诸枉，则民服；举枉错直，则民不服。

选拔正直的人，罢黜邪恶的人，百姓就信服；选拔邪恶的人，罢黜正直的人，百姓就不信服。

——春秋·孔丘《论语·为政》

操弥约而事弥大。五寸之矩，尽天下之方也。

把握的原则越简明正确，事业就越广阔。勾股五寸长的画尺，能画尽天下的方形。

——战国·荀况《孟子·不苟》

古之人君者，以得为在民，以失为在己；以正为在民，以枉为在己。故一形有失其形者，退而自责。

古时的君主，把获得的成绩归功于民众，把失误归咎于自身；把正确的作为归于民众，把形成的错误归于自己。所以只要有一个人受到损害，就会退出而反省自责。

——战国·庄周《庄子·则阳》

君子不可小知而可大受也，小人不可大受而可小知也。

君子不可以用小事情考验他，却可以接受重大任务；小人不可以接受重

136

大任务，却可以用小事情考验他。

——春秋·孔丘《论语·卫灵公》

夫诚者，君子之所守也，而政事之本也。

真诚，是君子所要恪守的，而且是实行政治的基础。

——战国·荀况《荀子·不苟》

治人，事天，莫若啬。夫唯啬，是谓早服，早服谓之终积德。

管理民众，侍奉上天，没有比爱民惜物的原则更重要的了。唯有爱民惜物，才说是开始服从于自然之道了；开始服从于自然之道，这就叫做多积德。

——春秋·李耳《老子》

善为士者不武。善为战者不怒。善胜敌者不与。善用人者为之下。

善于统兵的人，不会逞能用武。善于作战的人，不会被激怒而拼杀。善于胜敌的人，不敢与人对面交锋。善于用人的人，常礼贤下士。

——春秋·李耳《老子》

故礼义法度者，应时而变者也。今取猨狙而衣以周公之服，彼必龁齧挽裂，尽去而后慊。

所以说礼义法度，是随着时代发展的改变而改变的。如今让猿猴穿上周公的礼服，它一定会把衣服咬破扯裂，全都脱光才感到惬意。

——战国·庄周《庄子·人间世》

故用国者，义立而王，信立而霸，权谋立而亡。

因此，掌握国家政权的人，施行仁义就能统治天下，坚持信用就能称霸，玩弄权势阴谋就要灭亡。

——战国·荀况《荀子·王霸》

道之以政，齐之以刑，民免而无耻；道之以德，齐之以礼，有耻且格。

用政法来引导他们，用刑法来整顿他们，人民只是暂时地免于罪过，而没有廉耻之心。如果用道德来引导他们，用礼教来整顿他们，人民不但有廉耻之心，而且人心归服。

——春秋·孔丘《论语·为政》

上有好者，下必有甚焉者矣。君子之德，风也；小人之德，草也。草上之风，必偃。

在上位的人有所爱好，下面的人便一定会较上位的人更厉害。君子的德行像风，小人的德行像草。风吹到草上面，草一定会随风而倒。

——战国·孟轲《孟子·滕文公》

今州县有学，宫室廪饩，无所不备；置官立师，其过于汉唐甚远。惟其无所考察，而徒以聚食。而士之负俊气者，不愿于学矣。州县有学，先王之遗意幸而复见，将以造士，使之俊秀；而其俊秀者，乃反不愿于学，岂非法度之有所偏而进之不至乎。今宜稍重太学，变其故习，无以利诱，择当世之大儒，久于其职，而相与为师友讲习之道，使源流有所自出……人知由学，而科举之陋稍可洗去；学有本统，而古之文宪庶不坠失。

现在州县都有学校，教堂寝室厨房库房，没有不齐备的；设置官员确定教师，这超过汉唐很多了。唯独没有考察，只是白白地聚在一起吃饭。而且读书人中有才气的，不愿在学校学习。州县有学校，先王的遗愿有幸又见到了，将要造就读书人，使他们成为人才；可是那些是人才的，反而不愿到学校，岂不是制度有问题，让他有任用的机会他能不到吗？现在对太学有所重视，改变其旧习惯，没有以利诱惑，选择当今太学者担任教师，与读书人彼此交往，有与朋友交谈一样的教学方法，使他们的学术源流有自己的出处……人知道从何处学习，可是科举的陋习稍稍除去；学校有原来的体制系统，古人文献法令就不会丧失了。

——宋·叶适《水心集·学校》

欲革旧习，兴智学，必以立师范学堂为第一义。

想要改革旧习，兴办教育，必须以设立师范学校为首要的事。

——清·梁启超《论师范》

君之视臣如手足，则臣视君如心腹；君之视臣如犬马，则臣视君如国人；君之视臣如土芥，则臣视君如寇仇。

君主把臣下看得如同手足，臣下就会把君主看得如同自己的腹心一般；君主把臣下看得如同牛马，臣下就会把君主看得如同路人一般；君主把臣下看得如同土块草芥，臣下就会把君主看得如同仇敌一般。

——战国·孟轲《孟子·离娄》

法而不议，则法之所不至者必废；职而不通，则职之所不及者必队。故法而议，职而通，无隐谋，无遗善，而百事无过，非君子莫能。

制定法律而不讨论公平，那法律达不到的方面就必然废止；规定官员的职权范围而不彼此沟通，那么职权没有涉及到的地方就必然会落空。因此，制定法律而且要讨论公平，规定职权范围而且彼此沟通，没隐蔽的图谋，没遗失的善行，而且一切事物都没有过错，不是君子是办不到的。

——战国·荀况《荀子·王制》

天行有常，不为尧存，不为桀亡。应之以治则吉，应之以乱则凶。

大自然的一切变化有一定的规律，它不因为尧是明君而存在，也不因为桀是暴君而消失。对它采取了合理的措施就会吉利，以不合理的措施对待它就会发生灾祸。

——战国·荀况《荀子·天论》

辟召之法，宰相六部方镇及各省巡抚，皆得自辟其属吏，试以职事，如古之摄官，其能显著，然后上闻。

征召制度，宰相、六部、方镇及各省的巡抚，都得自己征召他所管辖的三官吏，以职位事情试用他们。像古时的摄官，其才能显著，然后报上级知道。

——明·黄宗羲《明夷待访录》

法不能独立，类不能自行；得其人，则存；失其人，则亡。

法制不可能独自建立，制度不可能独自推行；得到人才，就得以生存；失掉人才，就会遭到灭亡。

——战国·荀况《荀子·君道》

君者，论一相，陈一法，明一指……相者，论列百官之长，要百事之听，以饰朝廷臣下百吏之分，度其功劳，论其庆赏，岁终奉其成功以效于君。当则可，不当则废。

君主，他的主要责任是选好一个宰相，制定一种正确的法令，明确一个根本的原则……宰相是选择好各部门的领导，总理各种政事，规定朝廷各级官员的职分，衡量他们的功劳，评定他们的奖赏，年终把他们的成绩呈报给君主。称职的就肯定，不称职的就罢免。

——战国·荀况《荀子·王霸》

与积礼义之君子为之则王，与端诚信全之士为之则霸，与权谋倾覆之人为之则亡。三者，明主之所以谨择也，而仁人之所以务白也。

与有礼义的君子一起治理国家就可以称王于天下，与品行端正忠诚守信的人一起治理国家，就可以称霸于诸侯，同玩弄权术反复无常的人一起治理国家，国家就会灭亡。这三者，英明的君主应当谨慎地选择，而仁人务必要弄明白。

——战国·荀况《荀子·王霸》

公平者，职之衡也；中和者，听之绳也。其有法者以法行，无法者以类举，听之尽也；偏党而无轻，听之辟也。

公平，是职位的尺度；中和，是听察的准绳。那有法制的，就依据法制行动，没有法制的，就依据类推办事，这便是听察的终点；偏私而没有纲领，这样听察事物就必定偏斜。

——战国·荀况《荀子·王制》

人主用俗人，则万乘之国亡；用俗儒，则万乘之国存；用雅儒，则千乘之国安；用大儒，则百里之地久。而后三年，天下为一，诸侯为臣，用万乘之国，则举措二定，一朝而伯。

君主若录用庸俗的人，那万乘之国就要遭到灭亡；录用一般的人，万乘之国还可以保存；录用高尚的人，千乘之国就得到平治；录用十分有才能的人，即使在百里之地，也可以保持长久。三年之后，天下一统，诸侯称臣；如果在万乘之国，就政令布施，天下平定，一日之间，就会称霸于诸侯。

——战国·荀况《荀子·儒效》

王者之论：无德不贵，无能不官，无功不赏，无罪不罚。

王者用人的原则：没有好品德的人不让他有显贵的地位，没有才能的人不授予他官职，没有功劳的人不给予奖赏，没有犯罪的人不加以惩罚。

——战国·荀况《荀子·王制》

不教而诛，则刑繁而邪不胜；教而不诛，则奸民不惩；诛而不赏，则勤励志民不劝；诛赏而不类，则下疑俗险，而百姓不一。

不教育人民，而用刑罚就趋于繁乱，而不能克服邪道；只教育人民，而不用刑罚，奸民就得不到制裁；只有刑罚，而不用赏赐，勤恳的人民就得不到劝勉；刑罚、赏赐都不适当，那就会使下层疑惑，习俗险邪，而且百姓也得不到集中管理。

——战国·荀况《荀子·富国》

政不可不慎也，务三而已：择人，因民，从时。

政事不可不慎重对待，致力于三条而已：选择人才，依靠人民，顺从时令。

——晋·士文伯　摘自《左传》

赏不行，则贤者不可得而进也；罚不行，则不肖者不可得而退也；贤者不可得而进也，不肖者不可得而退也，则能不能不可得而官也。

赏赐行不通，贤人就不可能得到进用；刑罚行不通，坏人就不可能得到清退。贤人得不到进用，坏人得不到清退，那有才能的和没有才能的就不可能得到适当的任用。

——战国·荀况《荀子·富国》

故君人者欲安，则莫若平政爱民矣；欲荣，则莫若隆礼敬士矣；欲立功名，则莫若尚贤使能矣。

所以统治人的人，要想安于政位，就不如仁政爱民；如果想荣耀，就不如敬重士君子；如果想建立功业，就不如崇尚贤德之人并重用他。

——战国·荀况《荀子·王制》

天下，国有俊士，世有贤人。迷者不问路，溺者不问遂，亡人好独。

每个国家都有俊士，每个世代都有贤人。迷失方向的，是由于不询问道路；被水淹没的，是由于不询问水路；亡国的人是因为喜欢独断专行。

——战国·荀况《荀子·大略》

尚贤使能，而等位不遗；折愿禁悍，而刑罚不过。百姓晓然皆知，夫为善于家而取赏于朝也，为不善于幽而蒙刑于显也。

尊崇品德高尚的人，使用有才能的人，而且量才用人没有疏漏；制裁狡诈的人，禁止凶悍的人，而且量刑恰当并不过度。百姓就清楚地都知道——在家中做了好事，会得到朝廷的奖赏；在暗中做了坏事，会遭到刑罚昭示众人。

——战国·荀况《荀子·王制》

隆礼至法则国有常，尚贤使能则民知方，纂论公察则民不疑，赏免罚偷则民不怠，兼听齐明则天下归之。

崇尚礼仪完善法制，国家就会秩序井然。尊重贤人，任用有才能的人，百姓就知道正确的方向。集中众人的议论，公允明察，百姓就不会疑惑。勤勉者奖，懒惰者罚，百姓就不会怠慢。全面听取意见明察一切，天下的人都会归顺。

——战国·荀况《荀子·君道》

以善至者待之以礼，以不善至者待之以刑。两者分别，则贤不肖不杂，是非不乱。

怀着好意来的人用礼节来对待他，怀着恶意来的人就用刑罚来对待他。这两者区分清楚，那么品德好的人和品德低下的人就不会混淆，是与非也就不会混乱不清了。

——战国·荀况《荀子·王制》

选贤良，举笃敬，兴孝弟，收孤寡，补贫穷，如是，则庶人安政矣。庶人安政，然后君子安位。传曰："君者，舟也；庶人者，水也。水则载舟，水则覆舟。"此之谓也。

选拔贤良的人才，提拔忠厚诚敬的人，提倡孝敬父母尊重长者，收养孤寡，救助贫穷，这样百姓就满意政治了。百姓满意政治，君王也就安于其位。传书上说："君主像船，百姓像水，水能载船前行，水也能够使船沉没。"说的就是这个意思。

——战国·荀况《荀子·王制》

明主急得其人，而闇主急得其势。急得其人，而身佚而治国，功大而名美，上可以王，下可以霸；不急得其人，而急得其势，择身劳尔国乱，功废而名辱，社稷必危。

贤明的君主急于得到人才，而昏庸君主急于得到权威。急于得到人才，本身就获得安逸，而国家就获得平安，功绩伟大而名声美好，上等的可以称王于天下，次等的可以称霸于诸侯；不急于得到人才，而急于得到权威，本身就受到劳累，国家就遭到混乱，事功废弛，而声名狼藉，国家必然遭到危亡。

——战国·荀况《荀子·君道》

人主者，以官人为能者也……论德使能而官之者，圣王之道也，儒之所谨守也。

作为一国的君主，以善于任用人才为有能力……选拔有道德的人，使用有才能的人，并且委任适当的官职，这是圣王的用人之道，也是儒者所严格遵守的原则。

——战国·荀况《荀子·王霸》

善择者制人，不善择者人制之；善择之者王，不善择之者亡。夫王者之与亡者，制人之与人制之也，是其为相县也亦远矣。

善于选任人才的人能制服别人，不善于选任人才的人就会被人挟制；善于选任人才的人可以称王于天下，不善于选任人才的人就会被灭亡。称王于天下的人和被灭亡的人，制服别人和被别人制服的人，他们的差别实在是太远了。

——战国·荀况《荀子·王制》

赏不欲僭，刑不欲滥；赏僭则利及小人，刑滥则害及君子。若不幸而过，宁僭无滥；与其害善，不若利淫。

奖赏不要超越法度，施刑也不要过滥。赏得过宽小人得利，刑罚过滥就有害于君子。若是不幸掌握尺度不当的话，宁肯赏得宽些也不要滥施刑罚；

与其害了好人，不如有利于小人。

——战国·荀况《荀子·致士》

好法而行，士也；笃志而体，君子也；齐明而不竭，圣人也。人无法则伥伥然，有法而无志其义则渠渠然，依乎法而又深其类，然后温温然。

遵循法度而见之于行动，便是学士；意志坚定而且努力去实行，便是君子；中正明智而又力行不歇，就是圣人。人没礼法，就会迷惘而无所适从，有礼法而不理解它的道理，心情就惶窘不安。只有依从法度而又能深明事理，精通各类事物，然后办事才会得心应手。

——战国·荀况《荀子·修身》

圣王之制也，草木荣华滋硕之时，则斧斤不入山林，不夭其生，不绝其长也……斩伐养长不失其时，故山林不童，而百姓有余材也。

圣王的制度，草木正在开花结果时，不准进山采伐山林草木，为的是不使小树夭折，不断绝它们的生长……采伐林木和培养其生长不失时机，所以山林不会光秃，百姓就会有多余的木材。

——战国·荀况《荀子·君道》

伤国者何也？曰：以小人尚民而威，以非所取于民而巧，是伤国之大灾。

危害国家的是什么呢？回答说：任用小人，让他们站在百姓头上作威作福，用不该用的办法从百姓身上巧取豪夺，这是危害国家的大灾难。

——战国·荀况《荀子·王霸》

东汉太学则诚善矣，唐初犹得为美观。本朝其始议建学，久而不克就。至王安石乃卒就之，然未几而大狱起矣。崇观间，以俊秀闻于学者，旋为大官。宣和、靖康所用误朝之人，大抵学校之名士也。及诸生伏阙捶鼓以请起李纲，天下或以为有忠义之气，而朝廷以为倡乱动众者，无如太学之士。及秦桧为相，务使诸生为无廉耻以媚己，而以小利啖之，阴以拒塞言者。士人靡然成风，献颂拜表，希望恩泽，一有不及，谤议喧然。故至于今日，太学尤弊……盖其本为之法，使月书季考，校正分数之毫厘，以为终身之利害，而其外又以势力招徕之，是宜其至此而无怪也。

东汉太学真好，唐初还显得美观。宋朝开始议论建设学校，很久不能决定。到王安石任宰相时才决定建校，然而没几年在学校又发生了大案。崇观年间，以才能优秀闻名于学校的，马上被任命为朝廷官员。宣和、靖康年间，所任用的耽误朝廷的人，大多是学校的有名之士。到读书人跪伏朝廷捶鼓请求启用李纲时，天下还认为有忠义的气氛，可是朝廷认为倡导动乱的，没人比得上太学的人士。到秦桧做宰相，致使读书人不顾廉耻来讨好他自己，以小利利诱他们，暗中压制敢说真话的。读书人靡然成风，献拜颂词表册，希望恩泽降临，一旦有达不到目的的，诽谤议论就不断。所以到今天，太学这种弊端更厉害……这本来是有法制的，朝廷使人每月阅书，每季度考试，校对分数不差毫厘，认为关系到终身利害，可是学校外面又以权势招徕读书人，就更使这种状况到这地步也没什么奇怪的了。

——宋·叶适《水心集·学校》

下臣事君以货，中臣事均以身，上臣事君以人。

下等大臣，用财货侍奉君主；中等大臣，用自身侍奉君主；上等大臣，用选举贤才侍奉君主。

——战国·荀况《荀子·大略》

好言奸说，奸事奸能，遁逃反侧之民，职而教之，须而待之；勉之以庆赏，惩之以邢罚；安职则畜，不安职则弃。

说奸邪话，办奸邪事，到处逃窜，反复无常的人，应给予一定的职业去教育他们，耐心地等待他们转变过来；用赏赐来勉励他们，用刑罚来惩治他们；如果他们安于职守，就蓄养他们，如果他们不安于职守，就抛弃他们。

——战国·荀况《荀子·王制》

权谋倾覆之人退，则贤良知圣之士案自进矣。刑政平，百姓和，国俗节，则兵劲城固，敌国案自诎矣。

玩弄阴谋诡计搞倾轧活动的人被清除掉，德才兼备的人自会被进用。刑法政令恰当，百姓和谐，国家的习俗有节俭，那么就会兵力强城池固，敌国自然就会屈服。

——战国·荀况《荀子·王制》

知而不仁，不可；仁而不知，不可；既知且仁，是人主之宝也，而王霸之佐也。不急得，不知；得而不用，不仁；无其人，而幸有其功，愚莫大焉。

明智而不仁慈，不可以作为辅相；仁慈而不明智，不可以作为辅相；既明智，又仁慈，这是君主的珍宝，而且是王者霸者的佐助。君主不急于得到人才，是不明智的；得到人才而不知道使用，是不仁慈的；没有这样的人才，却想着侥幸成功，没有再比这更愚蠢的了。

——战国·荀况《荀子·君道》

故用人之知去其诈，用人之勇去其怒，用人之仁去其贪。

君主用人，应当用其智慧而去其诈伪，用其勇气而去其怒气，用其仁慈而去其溺爱。

——汉·戴圣《礼记·礼运》

用国者，得百姓之力者富，得百姓之死者强，得百姓之誉者荣。三得者具而天下归之，三得者亡而天下去之。

治理国家的人，得到百姓尽力的就富足，得到百姓舍生赴死的就强大，得到百姓称颂的就荣耀。这三者具备了天下就会归附他，三者都失去了，天下就会抛弃他。

——战国·荀况《荀子·王霸》

请问为政。曰：贤能不待次而举，罢不能不待须而废，元恶不待教而诛，中庸不待政而化。

有人问施行政治的策略。回答说：贤能的人要破格任用他；庸弱的人要立即罢免他；罪魁祸首不用教育就可以杀掉他；平常之人不待刑赏就可以感化他。

——战国·荀况《荀子·王制》

足国之道，节用裕民，而善臧其余。节用以礼，裕民以政。彼裕民故多余，裕民则民富，民富田地以易，田肥以易则出实百倍。

国家富足的根本方法是节省物用使百姓富裕，并且要善于管理，妥善储藏财物。节省物用要按礼的原则进行，使百姓富裕要符合政令的要求。节省物用百姓富裕了，社会财物就有多余。实施裕民政策百姓就会富足，百姓富足了田地的肥力状况就能得到改善，田地的肥力状况改善了就能生产出百倍谷物来。

——战国·荀况《荀子·富国》

盖使朝廷之上，闾阎之细，渐摩濡染，莫不有诗书宽大之气；天子之所是未必是，天子之所非未必非，天子亦遂不敢自为非是，而公其是非于学校。是故养士为学校一事，而不仅为养士而设也。

使朝廷内的官僚，阎间间的小民，受潜移默化、浸润沾染的，没有不是诗书宽厚博大的气概；皇帝肯定的未必就正确，皇帝所否定的未必就错误，皇帝也不敢认为自己以为正确的就是正确的，错误的就是错误的，因为公正地判定是非在于学校。因此培养有知识的人才是学校的主要任务，但又不仅仅为培养有知识的人才而设立。

——明·黄宗羲《明夷待访录》

取人之法，参之以礼。用人之法，禁之以等。行义动静，度之以礼。知虑取舍，稽之以成。日月积久，校之以功。

网罗人才的法则是要以礼相待，任用人才的法则是用等级名分来限定，行为举止要用礼仪来衡量，智虑取舍要用成效来考查，日积月累用其功绩来考核。

——战国·荀况《荀子·君道》

古之所谓士仕者，厚敦者也，合群者也，易富贵者也，乐分施者也，远罪过者也，务事理者也，羞独富者也。

自古以来所谓当官之人，是淳厚的，是合群的，是轻视富贵的，是喜好施予的，是远离罪过的，是努力追求事理的，是以独自富裕为耻辱的。

——战国·荀况《荀子·君道》

今之学者歧而为三：能文者谓之文士，谈经者谓之讲师，惟知道者乃儒学也。

现在的学者可分为三类：能舞文弄墨的称作文人，能讲经论道的称做讲师，惟有精通道义的才称为儒者。

——宋·程颐《伊川学案》

口能言之，身能行之，国宝也；口不能言，身能行之，国器也；口能言之，身不能行，国用也；口言善，身行恶，国妖也。治国者，敬其宝，爱其器，任其用，除其妖。

嘴能说得出，本身能做得到，是国家的珍宝；嘴说不出，本身能做到，是国家的器材；嘴能说得出，本身做不到，是国家的物用；嘴说得好，本身做得坏，是国家的妖孽。治理国家的人，要尊敬珍宝，爱护器材，信任物用，铲除妖孽。

——战国·荀况《荀子·大略》

故君子之道，闇然而日彰；小人之道，的然而日亡。君子之道：淡而不厌，简而文，温而理，知远之近，知风之自，知微之显，可与入德矣。

因此君子的道德深远而日益彰明，小人的道德浅近而日益消亡。君子的道德：恬淡自然而从不厌倦，形式简单而内蕴文采，温和而达理，由近而知远，由末而知本，由微而知显，知道这些，就可以进入圣人高尚的道德境界了。

——战国·子思《礼记·中庸》

不学未必为长夜，六经未必为太阳。

不学习正统的儒学未必就会愚昧混沌，而六部儒家经典未必就是照亮天道人心的太阳。

——三国·嵇康《难自然好学论》

今州县自岭海莫不有学，宫室饩廪，书籍器用，无不具，来学者诵读之声，岁时不息。州必有师而教之，其礼甚优，其职甚专，而又月第其进否，时定其去留，不知三代之学，亦何以异此。然而无取士之法，无考察之意，学官与诸生，泛泛焉不相知名，无教无劝，幸其岁满，则掉臂而去；既去，若素所不至者。

现在的州县，从山区到海边都有学校，教室食堂，图书器材，没有不齐备的。前来求学的人诵读声音，终年不停。州必定有老师执教，其礼仪教育很优秀，其职业很专一，而又逐月查其是否有进步，按时决定其去留，不知道夏商周三代的学校，也与这有什么不同。然而，没有选取人才的方法，每月考察教学的要求，教官和学生，生疏得互相不知名姓，没有教诲和劝导，等到一年满了，甩手而去；已经离开了，就像平时没有到过学校似的。

——宋·叶适《水心别集》

科举之患极矣。何者？昔日专用词赋，摘裂破碎口耳之学，而无得于心，此不足以知经耳。使其知之，则超然有异于众而可行，故昔日之患小。今天下之士，虽五尺童子，无不自谓知经；传写诵习，坐论圣贤，其高者谈天人，语性命，以为尧、舜、周、孔之道技尽于此，雕琢刻画，侮玩先王之法言……众说溃乱，茫然而莫得其要。人文乖缪，大义不明，无甚于此。其过在于不养耳。

科举的祸患极大。为什么？过去专教词赋，摘裂破碎、口诵耳听地学习，不妨碍于心性养成，这不足以说懂得道义。使其懂得道义，就超然有不同于众人之处开始可以实行，所以昔日祸患小。现在天下的读书人，虽然是五尺高的儿童，无不自我标榜懂得道义；读书写字，朗诵练习，讨论圣贤，其高的谈天说人，说本性讲命运，认为尧、舜、周、孔子的仁道方法都在这里，到处雕琢刻画，污辱玩弄先王的法令言论……说法混乱，茫然不得其要领。人文悖理，大义不明，没有超过这样的。其过失在于不教养。

——宋·叶适《水心别集》

绝学者，如历算、乐律、测望、占候、火器、水利之类是也。郡县上之于朝，政府考其果有发明，使之待诏，否则罢归。

称为绝学的，如历算、乐律、测望、占候、火器、水利之类就是。郡、县上报朝廷，政府考察他果然有发明，让他们等待召用，否则就回家去。

——明·黄宗羲《明夷待访录》

太学之法，州县学每岁以弟子员之学成者，列其才能德艺以上之，不限名数，缺人则止，太学受而考之，其才能德艺与所上不应者，本生报罢。

太学的制度，州县学校的弟子每年在学习中有成的，按其才能德艺来上学，不限名额，缺人才停止，太学教授考核他们，其才能德艺与上学要求不适应的，这学生就不能报到。

——明·黄宗羲《明夷待访录》

师范启其塞，小学导其源；中学正其流，专门别其派，大学会其归。

教育犹如一条江河，师范开启其愚昧，小学疏导其源，中学端正其流，各专科学校是分别其派，大学如百川汇归，是各种知识总汇之处。

——清·张謇《张季子九录》

用科举之常法，不足以得天下之才，其偶然得之者幸也……当制举之盛时，置学立师，以法相授，浮言虚论，披抉不穷，号为制科习气；故科举既不足以得之，而制策又以失之……今制科之法，是本无意于得才，而徒立法以困天下之泛然能记诵者耳。此固所谓豪杰特超者轻视而不屑就也。

采用开科选举的方法，不能得到天下的英才，偶然有得到的那是幸运。当科举兴盛时，设置学校尊重教师，用常法传授，浮夸虚妄的言论，显露不尽，称为制科习气，因此科举既不能得到高中，而且治策又没有能力。现在制科的方法，原本无意于选得英才，只是用法规拘束天下能记会诵的人罢了。这就是所说英才被轻视而不屑的原因。

——宋·叶适《水心集·制科》

上书有二：一国家有大事或大奸，朝廷之上不敢言而草野言之者……一以所著书进览，或他人代进，详看其书足以传世者，则与登第者一体出身。

上书有两类内容：一是国家有大事或大邪恶，朝廷上的官僚不敢说，民间敢言的一些说法……一是以著作呈上阅览，或由别人代替呈进，详细阅读他的书后，认为此书可以流传于世，那么作者就跟应试得中的人相同赐给一样的身份。

——明·黄宗羲《明夷待访录》

振兴教育，必先广储师范，师资不敷，学校何以兴盛！

振兴教育，必须广为设置教育学校。师资不充足，学校怎么能够兴盛！

——清·张之洞《张季子九录》

三代以下，天下之是非一出于朝廷。天子荣之，则群趋以为是；天子辱之，则群擿以为非。簿书、期会、钱穀、戎狱，一切委之俗吏……而其所谓学校者，科举嚣争，富贵薰心，亦遂以朝廷之势利一变其本领，而士之有才能学术者，且往往自拔于草野之间，于学校初无与也，究竟养士一事亦失之矣。

夏商周三代以后，天下的是非一律由朝廷决定。天子赞誉的，那么大家都随着以为是对的；天子侮辱的，那么大家都指责并认为是错的。簿书、期会、钱穀、戎狱等职位，一切委任给庸俗官吏……可当时所说的学校，科举竞争浓烈，富贵习气熏心，也被朝廷势力影响和利益诱惑改变了职能。而读书人中有才能学识的，却生活在百姓之间。与起初办学的目的没关系了，终究培养人才这事也丧失了。

——明·黄宗羲《明夷待访录》

夫折今之取士而入于学，可也；因今之学而后取士，亦可也。且三岁所官数百人，而天下之士常有不遇之叹。何者？其一月而至者，不足以压服天下也。忠信孝悌，必修于家，必闻于乡；材智贤能，必见于事，必推于友。举其茂异秀杰者毕至而务养其心，以稍息其多言；然后少变今之意，而足以取之。则先王之道，庶乎可得矣。

以前先选取官员而后进入学校学习，是可以的；现今在学校学习后再选取官员，也是可以的。而且三年选取官员人数上百人，可是天下读书人常有不被知遇的感叹。为什么？这是在一个月内决定的事情，不能去说服大家。忠、信、孝、悌，一定在家中修养，在乡内闻达；才、智、贤、能，一定在事中才能看到，一定要被朋友推荐。推荐所有才华出众者全部集中起来修养身性，来稍微平息他们众多言论；然后稍微变动现在的意旨，就可以选取任用他。那么先王用人之道，差不多可以得到了。

——宋·叶适《水心别集》

天之生斯民也，以教养托之于君；授田之法废，民买田而自养，犹赋税以扰之；学校之法废，民蚩蚩而失教，犹势利以诱之。是亦不仁之甚，而以其空名跻之："君父、君父"，则"吾谁欺"？

上天养育百姓，把教育的任务委托给了君王；授田的法制废除了，百姓买田地自己生活，还有收取赋税的人经常干扰他们；学校的法制荒废了，百姓傻乎乎地得不到教育，还有权势利益来引诱他们。这也太不仁义了，可是还以虚名在上面："君臣父子、君臣父子"，"我欺哄谁呢"？

——明·黄宗羲《明夷待访录》

于是学校变而为书院。有所非也，则朝廷必以为是而荣之；有所是也，则朝廷必以为非而辱之。"伪学"之禁，书院之毁，必欲以朝廷之权与之争胜。其不仕者有刑，曰："此率天下士大夫而背朝廷者也。"其始也学校与朝廷无与，其继也朝廷与学校相反，不特不能养士，且至于害士，犹然循其名而立之，何与？

于是学校改变为书院，有不合适的，则朝廷认为是对的而赞扬它；有正确的，则朝廷一定认为不对而且侮辱它。学校被定为"伪学"禁止了，书院被毁了，必定想以朝廷的权威与学校争是非。那些不去做官的就施以刑罚，说："是他们率领天下读书人背叛朝廷的。"开始学校对朝廷没什么不满，后来朝廷与学校有矛盾，不但不培养读书人，甚至发展到迫害读书人，还沿袭名称设立它，为何呢？

——明·黄宗羲《明夷待访录》

君使臣以礼，臣事君以忠。

君主应该依礼来使用臣子，臣子应该忠心地服事君主。

——春秋·孔丘《论语·八佾》

东汉太学三万人，危言深论，不隐豪强，公卿避贬议。宋诸生伏阙捶鼓，请起李纲，三代遗风，惟此犹为相近。使当日之在朝廷者，以其所非是为非是，将见盗贼奸邪慑心于正气霜雪之下，君安而国可保也。乃论者目之为衰世之事，不知其所以亡者，收捕党人，编管陈、欧正坐破坏学校所致，而反咎学校之人乎？

东汉太学有三万多人上书朝廷，言辞激烈，论理深刻，不避豪强，朝廷官员回避遭受针砭议论。宋代学生们到京城捶鼓请愿，请求启用李纲，夏商周三代遗留下的良好风气，只有这还较为接近。使当时在朝廷的官员，将他们的不是当作不是对待，把盗贼奸邪的惧怕心理展现在正气的威慑之下，这样君主平安，国家稳定。那些史论家把这看作为朝代衰败时的事情，不知道国家所以灭亡的原因，拘捕上书的同伙，管制率领上书朝廷的大学生陈东、欧阳澈，认为犯了破坏学校的罪，反而归罪于学校的学生吗？

——明·黄宗羲《明夷待访录》

郡县佐之法，郡县各设六曹提学，试弟子员之高等者，分置之……满三考升贡太学，其才能尤著者，补六部各衙门属吏。凡廪生皆罢。

郡县辅助的制度，郡、县各设六曹提学，经考试弟子水平高的，分别安置他们……满三次考试合格者升贡生到太学学习，其才能突出的，补充到六部衙门任职。凡是廪生都没有安排。

——明·黄宗羲《明夷待访录》

郡县学官，毋得出自选除，郡县公议，请名儒主之。自布衣以至宰相之谢事者，皆可当其任，不拘已未仕也。其人稍有干于清议，则诸生得共起而易之，曰："是不可以为吾师也。"其下有五经师，兵法、历算、医、射各有师，皆听学官自择。凡邑之生童，皆裹粮从学。离城烟火聚落之处，士人众多者，置经师。民间童子十人以上，则以诸生之老而不仕者充为蒙师。故郡邑无无师之士，而士之学行成者，非主六曹之事，则主分教之务，亦无不用之人。

郡县的学校官员，不得自行选任罢免，请有名的大学者主管它。从百姓到退休的宰相，都可担当这个任务，不局限于是否做过官。这些人对时政议论稍有干预，学生们就起来反对而且要更换他，说："这不可以做我们的老师。"学校主管下面有教《五经》的老师，兵法、历算、医疗、体育各科都有老师，皆由学校主管自主选择任用。凡是城乡的少年儿童，都背着口粮来从师学习，离城远、人口多的地方，要读书的人多了，设置能教经典著作的老师。民间儿童十人以上，让学生中年龄大的而没有去做官的充当他们的启蒙老师。所以城乡没有没老师教育的读书人，而且读书人中学问德行有成就的，不是主管衙门的事，就去主管和分管教学的业务，也没有不被使用的人。

——明·黄宗羲《明夷待访录》

学历者能算气朔，即补博士弟子；其精者，同入解额，让礼部去考之，官于钦天监。学医者送提学考之，补博士弟子，方许行术。岁终，稽其生死效否之数，书之于册。分为三等：下等黜之，中等行术如故，上等解试礼部，入太医院而官之。

学习历法的能算气象，就补入博士弟子；其中优秀的，一同列入名额，让礼部去考核，优秀的在皇宫作天监官职。学医的选送提学考核他们，优秀的补为博士弟子，才允许实行医术。年终，稽查医治人生死是否有效的次数，记录在册。分为三等：下等的取消行医资格，中等的行医照常，上等的调到礼部测试，优秀的进入太医院，而且任命给官职。

——明·黄宗羲《明夷待访录》

郡县朔望，大会一邑之缙绅、士子。学官讲学，郡县官就弟子列，北面再拜，师弟子各以疑义相质难，簿书期会不至者罚之。郡县官政事缺失，小则纠绳，大则伐鼓号于众。其或僻郡下县，学官不能骤得名儒，而郡县官之

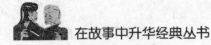

学行过之者，则朔望之会，郡县官南面讲学可也。若郡县宫少年无实学，妄自压老儒而上之者，则士子哗而退之。

郡县的初一或十五，大会一县的地方绅士、官僚。教育官吏讲学，郡、县的官吏和学子们站在一起，面向北给教育官吏行礼，老师和学生就不懂得的地方相互问答，文书人员将在期会期间不到的人记载下来，并予以处罚。郡、县官吏政事有失误，小的纠正，大的大张旗鼓地公布于众。那些偏僻的郡或小的县，教育官吏不能立刻请到有名的学者担任的，郡、县的官吏学问德行突出的，在初一或十五日，郡、县的官吏面向南坐，讲学也可以。如果郡、县里年纪轻，没有真才实学，妄自尊大排斥资深学者的人，前去讲学，那么学子们就喧哗退学了。

——明·黄宗羲《明夷待访录》

欲补救时艰，必自推广学校始，必自先停科举始。

要挽救艰险的时势，必须从广为创办学校开始，必须先从废除以八股取士的科举制度开始。

——清·张之洞《上奏》

古之取士也宽，其用士也严；今之取士也严，其用士也宽。古者乡举里选，士之有贤能者，不患于不知。降而唐宋，其为科目不一，士不得与于此，尚可转而从事于彼，是其取之之宽也……唐之士及第者，未便解褐入仕，吏部又复试之……宋虽登第入仕，然亦止簿尉令，录榜首才得丞判，是其用之之严也。宽于取则无枉才，严于用则少幸进。今也不然，其所以称士者，止有科举之一途，虽使古豪杰之士，若屈原、司马迁、相如、董仲舒、扬雄之徒，舍是亦无由而进，取之不谓严乎？一日苟得，上之列于侍从，下亦置之郡县，即其黜落而为乡贡者，终身不复取解，授之以官，用之又何其宽也。严于取则豪杰之老死丘壑者多矣；宽于用，此在位者多不得其人也。

古代选拔官吏宽，任用官吏严；现在选拔官吏严，任用官吏宽。古时乡里举荐村里选拔，读书人有贤能的，不怕不知道。到了唐宋，选拔人才的科目多了，读书人不能做这项工作，还可以转去从事那项工作，选拔人的路子宽了……唐代读书人，考试中选的，没有立刻更换身份去做官的，吏部还要对他们进行复试……宋代虽中选的就可做官，然而也只做文职人员，录到前几名的才能任用为县官，这样任用官吏就严格了。选才制度宽了不埋没人才，选才制度严了人才很少侥幸任用。现在不这样，那些称作官员的，只有走科举考试这一途径，即使古时豪杰，像屈原、司马迁、相如、董仲舒、扬雄这些人物，舍去科举也没有进入仕途的路子，选拔人才不能不说严格吗？有朝一日如果中选，上可进朝廷官员之列，下也任为郡、县官员，就是除名或落选而被誉为乡贡的人，终身也不再除名，授给他们官职，任用他们又是多么宽松。选拔人才严格，杰出人才老死在乡村的太多；任用人才过宽，在位的大多不是人才了。

——明·黄宗羲《明夷待访录》

欲兴学校养人才，以强中国，惟变科举为第一义。

想要兴办学校培育人才，来强盛中国，只有变革科举考试制度是第一要务。

——清·梁启超《论科举》

学宫以外，凡在城在野寺观庵堂，大者改为书院，经师领之；小者改为小学，蒙师领之。以分处诸生受业。其寺产即隶于学，以赡诸生之贫者。二氏之徒，分别其有学行者，归之学宫，其余则各还其业。

文庙以外，凡是在城内或在乡村的寺、观、庵、堂，规模大的改为书院，由能教经典著作的老师带领他们；规模小的改为小学，由启蒙老师带领他们。分别让学生接受学业。这寺产就隶属学校，以赡养贫困的学生。两家的学生，各自之中有学问德行的，回到文庙，其余的就备自回去操持他们自己的家业。

——明·黄宗羲《明夷待访录》

兴学之本，惟有师范。

振兴教育的根本，只有靠师范学校。

——清·张謇《师范学校开学演说》

救时必自变法始，变法必自科举起。

挽救时弊必定要从变革制度开始，变革制度必定要从变革科举制度开始。

——清·张之洞《劝学篇·变科举》

然则变将何先？曰：莫亟于废八股。

既然如此，那么变革以什么为首要？结论是：没有比废弃八股更急迫的了。

——清·严复《救亡决论》

任子之法，六品以上，其子十有五年皆入州县学，补博士弟子员，若教之十五年而无成则出学。三品以上，其子十有五年皆入太学，若教之十五年而无成则出学……公卿之子，不论其贤否而仕之，贤者则困于常调，不贤者而使之在民上，既有害于民，亦非所以爱之也。

选任子弟的制度，六品以上官员，其子弟十五岁都入州、县学校，补充博士弟子，如果教育他十年五年没啥成就便结业……公卿的子弟，不论其好坏都任用为官职，贤能的人则受困于正常调动，不贤之人让他在上面管理百姓，既对人民有害，也不是爱护他们的子弟。

——明·黄宗羲《明夷待访录》

太学祭酒，推择当世大儒，其重与宰相等，或宰相退处为之。每朔日，天子临幸太学，宰相、六卿、谏议皆从之。祭酒南面讲学，天子亦就弟子之列。政有缺失，祭酒言无讳。天子之子年至十五，则与大臣之子就学于太学，使知民之情伪，且使之稍习于劳苦。毋得闭置宫中，其所闻见，不出宦官宫妾之外，妄自崇大也。

太学校长，应推选当代大学者担任，其重要性与朝廷宰相差不多，或者推选退休的宰相担任。每月的初一、十五日，皇帝到太学，宰相、公卿、谏议等官僚都要随从。太学校长面向南面讲学，皇帝和弟子们并排而列。国家的政事有缺失的地方，太学校长直言不讳讲出来。皇帝的子弟与大臣的子弟都在太学一起学习，使他知道民情的真伪，而且使他稍能习惯于劳苦。不得安闲地坐在宫中，否则他的所见所闻，都出自宦官、宫女和妻子，就会妄自尊大。

——明·黄宗羲《明夷待访录》

荐举之法，每岁郡县一人，与于待诏之列。宰相以国家疑难之事问之，观其所对，令廷臣反复诘难……能理其说者，量才官之，或假之职事，观其所效而后官之。

推举人才的方法，每年郡、县推举一人，送到等待召见的队伍中。宰相以国家疑难事情询问他，观察他回答的结果，命令朝廷官员反复质问……能回答清楚的，根据才能任给官职，或暂给他职位和事情，观察他的成效后再正式任给官职。

——明·黄宗羲《明夷待访录》

师范为教育之母。

师范是发展教育的基础。

——清·张謇《师范学校开学演说》

师范学堂为教育造端之地，关系至要。

师范学校为教育的发端之地，关系至关重要。

——清·张之洞《筹定学堂规模决策兴办折》

为政者不赏私劳，不罚私怨。

执掌国家政权的人，不赏赐为自己辛劳的人，不惩罚与个人结怨的人。

——春秋·左丘明《左传·昭公五年》

四门学之制，掌国之上士、中士、下士凡三等，侯、伯、子、男凡四等，其子孙之为胄子者，及庶士庶人之子俊士者，使执其业而居其次，就师儒之官而考正焉。

国都四门学校的制度，设置着国家的高级人才、中级人才、初级人才共三个等级，侯、伯、子、男共四个等级，他们子孙中是长子的，以及一般知识分子、平民子弟中的优秀人才，使他们从业但地位在次一等，凭教育管理官员考核确定。

——唐·柳宗元《柳河东集》

变科举，诚为旋乾坤转移风会之大权，而根本之尤要者也。

改变科举考试制度，实在是改造社会、转移风气习俗的重大权变，而且是根本之中尤其至要的事。

——清·谭嗣同《仁学》

听政之大分：以善至者，待之以礼；以不善至者，待之以刑。两者分别，则贤、不肖不杂，是非不乱。贤、不肖不杂，则英杰至；是非不乱则国家治。

听察政事的重大分界是：抱着善意来的，就以礼节对待他；抱着恶意来的，就以刑罚对待他。把这两者的界限划清，那贤才和不贤就不至于混杂，是和非就不至于紊乱。贤才和不贤就不会混杂，英杰就会来归附；是和非不紊乱，国家就平安。

——战国·荀况《荀子·王制》

君子易事而难说也。说之不以道，不说也；及其使人也，器之。小人难事而易说也。说之虽不以道，说也，及其使人也，求备焉。

在君子底下工作很容易，讨他的欢喜却难。不用正当的方式去讨他的欢喜，他不会喜欢的；等到他使用人的时候，却衡量各人的才德去分配任务。在小人底下工作很难，讨他的欢喜却容易。用不正当的方式去讨他的欢喜，他是会喜欢的；等到他使用人的时候，便会百般挑剔，求全责备。

——春秋·孔丘《论语·子路》

十二、教师的职责任务

师哉，师哉，桐子之命也。务学不如务求师。师者，人之模范也。

老师啊老师，是影响改变童蒙无知本性的人啊，致力学习不如致力于寻访老师。老师是人们的模范。

——汉·扬雄《法言·学行》

国将兴，必贵师而重傅；贵师而重傅，则法度存。国将衰，必贱师而轻傅；贱师而轻傅，则人有快；人有快，则法度坏。

国家要兴旺发达，就一定要尊师重教；尊师重教，法度就会存在。国家衰败，就一定贱师轻教；贱师轻教，民众的思想就失去控制；民众的思想失去控制，法度就会破坏。

——战国·荀况《荀子·大略》

化民成俗，基于学校；兴贤有德，贵在师儒。

教化民众、纯洁风气，基础在于教育；培养德行、培育贤才，责任在于教师。

——清·赵尔巽《清史稿》

仰之弥高，钻之弥坚。瞻之在前，忽焉在后。夫子循循善诱人，博我以文，约我以礼，欲罢不能。既竭吾才，如有所立卓尔。虽欲从之，末由也已。

老师之道，越抬头看，越觉得高；越用力钻研，越觉得深。看看似乎在前面，忽然又到后面了。虽然这样高深和不容易捉摸，可是老师善于有步骤地教导我，用各种文献来丰富我的知识，又用一定的礼节来约束我的行为，使我想停止学习都不可能。我已经用尽我的才力，似乎能够独立地工作。要想再向前迈进一步，又不知怎样着手了。

——春秋·颜渊 摘自《论语·子罕》

善人者不善人之师，不善人者善人之资。

好人是恶人的老师，恶人是好人的鉴戒。

——春秋·李耳《老子》

操千曲而后晓声，观千剑而后识器。

操练许多曲目之后自然会明白声律，观察许多刀剑之后自然会识别兵器。

——南朝·刘勰《文心雕龙》

贤者以其昭昭使人昭昭；今以其昏昏使人昏昏。

贤能的人（教导别人），必先使自己彻底明白了，然后才去使别人明白；今天的人（教导别人），自己还稀里糊涂，却用这些稀里糊涂的东西去使别人明白。

——战国·孟轲《孟子·尽心》

有师法者，人之大宝也；无师法者，人之大殃也。

有师长有法度的人，是人的最大财富；没有师长和法度的人，是人的最大的祸殃。

——战国·荀况《荀子·儒效》

学莫便乎近其人。《礼》、《乐》法而不说。《诗》、《书》故而不切，《春秋》约而不速。方其人之习君子之说，则尊以遍矣，周于世矣。

学习没有比接近良师更便利的了。《礼》、《乐》记载了法度、规章而未详细说明原理，《诗》、《书》记载前代的掌故而不切近现实，《春秋》语言简洁隐约而难于使人迅速理解。只有仿效良师而学习君子的学说，才能培养崇高品德并获得广博知识，也就周知世事了。

——战国·荀况《荀子·劝学》

能为师然后能为长；能为长然后能为君。故师也者，所以学为君也。是故择师不可不慎也。

能够做老师才能做官长；能做官长才能做领袖。因此老师，是可以向他学习做管理者的人。所以选择老师不可以不谨慎。

——汉·戴圣《礼记·学记》

天不生仲尼，万古长如夜。

如果不是上天使孔子降临人世，那么漫长的历史就永远处于愚昧浑沌之中。

——宋·朱熹《朱子语类》

闻见广则聪明辟，胜友多而学易成。

听的多，见的多，就会耳聪目明脑子活；好朋友、好同学多，就有助于学问的进步。

——清·魏源《默觚·治篇》

世有伯乐，然后有千里马。千里马常有，而伯乐不常有。

世上有了伯乐，这以后才有千里马。千里马是常有的，但是，像伯乐那

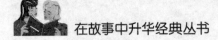

样会看马的人却是不常有的。

——唐·韩愈《杂说》

古者十五入大学。《大学》曰："大学之道，在明明德，在亲民，在止于至善"，此言大学指归。"欲明明德于天下"，是入大学标的。格物致知，是下手处。《中庸》言"博学、审问、慎思、明辨"，是格物之方。读书亲师友，是学思则在己，问与辨皆须在人。自古圣人亦因往哲之言，师友之言，乃能有进，况非圣人，岂有自任私知而能进学者。

古代的人十五岁进入大学。《大学》说："大学的宗旨，在于弘扬光明正大的品德，在于亲爱人民，在于使人达到最完善的境界。"这句是说大学的宗旨。"打算在天下弘扬道德"是大学的目标。穷究事物的原理法则进而总结为理性知识，是下手的地方。《中庸》说"博学、审问、慎思、明辨"，这是格物的方法。读书结交师友，学习思考在于自己，问和辨这都在于人。自古圣人也遵循前人和哲人的言论，老师和朋友的言说，才能有所进步，何况不是圣人，哪有仅凭自己的学识能够进步的。

——宋·陆九渊《象山全集》

射不善而欲教人，人不学也；行不修而欲谈人，人不听也。

射术不精而去教人，别人不会向你学习；品行不正而去议论人，别人不会理睬。

——战国·尸佼《尸子·恕》

夫择师为难，敬师为要。择师不得不审，既择定矣，便当尊之敬之。

选择老师是很困难的，尊敬老师是很重要的。选择老师不得不慎重，已经选择定了，就要尊重他，崇敬他。

——清·郑燮《潍县寄舍弟墨第三书》

人多说某不教人习举业，某何尝不教人习举业也？人若不习举业而望及第，却是责天理而不修人事。但举业既可以及第即已，若更去上面尽力，求必得之道，是惑也。

人都说我不教学生研习科举，我何尝不教学生研习科举？人若不研习科举而希望中选，这是违背自然规律而且不懂人情事理。但科举既然能够中选就罢了，若再去这方面努力，追求必须中选的方法，这就令人迷惑了。

——宋·程颐《伊川学案》

不是师法而好自用，譬之是犹以盲辨色，以聋辨声也。

不赞同老师和礼法而刚愎自用，好比盲人去辨色、聋子去辨声。

——战国·荀况《荀子·修身》

学非师而功益劳，友非人而过益滋。

求学而没有好的教师会疲于用功；交友没有好的朋友只能增添过错。

——宋·黄晞《聱隅子·生学篇》

师道立，则善人多，善人多则朝廷正而天下治矣。

师道确立了，善良的人就多，善良的人多了，那么朝廷正大而天下太平了。

——宋·周敦颐《通书·师第》

人有师法而知，则速通。

人通过教师的教授与指点，可以大大缩短学习过程。

——战国·荀况《荀子·儒效》

达师之教也，使弟子安焉，乐焉，休焉，游焉，肃焉，严焉。此六者得于学，则邪辟之道塞矣，理义之术胜矣。此六者不得于学，则君不能令于臣，父不能令于子，师不能令于徒。

学问通达的教师实施教育，能够使学生静心、快乐、从容、活泼、肃穆、严正。如果这六项在教学中得以体现，那么邪恶的路子就堵塞了，推行理义的方法就可行了。如果这六项在教学中不能体现，那么即使是君王也不能对臣子发号施令，父亲也不能对儿子发号施令，老师也不能对学生发号施令。

——秦·吕不韦《吕氏春秋》

天地者，生之本也；先祖者，类之本也；君师者，治之本也。

天地是万物生存的根本；先祖是族类的根本；君主和老师是治理国家的根本。

——战国·荀况《荀子·礼论》

人之精爽，负于血气，其发露于五官者，安得皆正？不得明师良友剖剥，如何得去其浮伪而归于真实？又如何能得自省自觉？

人的精神，倚仗血气的盛衰，它表现在五官上的，哪能都正确？没有高明的老师和贤明的朋友指教，如何能去掉浮伪而回到真实的本性？又如何能作为反省自我觉悟？

——宋·陆九渊《象山学案》

古之学者必有师，师者，所以传道授业解惑也。人非生而知之者，孰能无惑？惑而不从师，其为惑也，终不解矣。生乎吾前，其闻道也固先乎吾，吾从而师之；生乎吾后，其闻道也亦先乎吾，吾从而师之。吾师道也，夫庸知其年之先后生于吾乎？是故无贵无贱，无长无少，道之所从，师之所从也。

古代学者必定有老师。老师是传授道理，讲授学业，解答疑难问题的人啊。人不是一生下来就懂得道理的，谁能没有疑惑的问题？有了疑惑，如果不跟老师学习，那些成为疑难问题的，就始终不能解答了。出生在我前头的人，他懂得道理本来早于我，我应该跟从他，把他当作老师；出生在我后面的人，如果他懂得道理也早于我，我也应该跟从他，把他当作老师。我是向他学习道理啊，哪管他的出生比我早还是比我晚呢？因此，无论地位高低贵贱，无论年纪大小，道理存在的地方，就是老师所在的地方。

——唐·韩愈《师说》

所谓治国，必先齐其家者；其家不可教，而能教人者，无之。

所说的治理国家，必须首先要整治好自己的家族，一个人的家族都教育不好，而又能教育人的，没有这回事。

——汉·戴圣《礼记·大学》

善教者则不然，视徒如己。反己以教，则得教之情也。所加于人，必可行于己，若此则师徒同体。人之情爱同于己者，誉同于己者，助同于己者，学业之章明也，道术之大行也，从此生矣。不能学者，从师苦而欲学之功也，从师浅而欲学之深也……故不能学者，遇师则不中，用心则不专，好之则不深，就业则不疾，辩论则不审，教人则不精，于师愠，怀于俗，羁神于世，矜势好尤，故湛于巧智，昏于小利，惑于嗜欲，问事则前后相悖，以章则有异心，以简则有相反，离则不能合，合则弗能离，事至则不能受，此不能学者之患也。

善于教导的老师则不是这样，他把学生看作自己一样。设身处地来教育学生，这样就掌握了施教的实情。他所加给人的要求，自己一定可以做到，如此师生就融为一体了。人之常情，喜爱和自己志趣相同的人，称赞和自己志趣相同的人，帮助和自己志趣相同的人。学业的显著，道术的盛行，从此就这样产生了。不接受教育的人，跟从老师学习感到辛苦，不勤奋学习，却又想获得学习取得的功名，跟从老师学习得很肤浅，却又想获得精深知识。所以不接受教育的人，对老师不满意，对学习不专心，喜好学问却不深入钻研，想要成就事业却不努力，辩论事物却不清楚，效仿圣贤却不准确。他们埋怨老师，安于庸俗，思想被世俗羁束，夸耀权势，喜欢立异，所以投机取巧，贪占小便宜，沉迷在贪欲中，询问事情则前后矛盾，按章行事却又别出心裁，想简约反而啰嗦，分析事物又不能综合，综合了又不会分析，有了事却不能面对，这都是不接受教育者的毛病。

——秦·吕不韦《吕氏春秋·诬徒》

知者之言也，虑之，易知也；行之，易安也；持之，易立也。

有智慧的人的言辞，考虑它，容易知晓；运用它，容易妥当；坚持它，容易确立自己的思想。

——战国·荀况《荀子·正名》

古之王者，太子初生，固举以礼，使士负之，有司斋肃端冕，见之南郊，见于天也。过阙则下，过庙则趋，孝子之道也。故自为赤子而教固已行矣。于是皆选天下之端士、孝悌、博闻有道术者以卫翼之，使与太子居处出入，故太子初生而见正事，闻正言，行正道，左右前后，皆正人也，习与正人居之，不能无正也，犹生长于齐之不能不齐言也；习与不正人居之，不能无不正也，犹生长于楚之不能不楚言也。故择其所嗜，必先受业，乃得尝之；择其所乐，必先有习，乃得为之。孔子曰："少成若天性，习惯如自然"，是殷、周之所以长有道也。

古代君王，在太子出生时，一定用礼对他进行教养，派读书人负责教导他，有机构教他认真斋戒沐浴，端正衣冠，带他到天子祭天的地方，去拜祭上天。经过宫殿、祠庙、陵墓时，必须要下车马步行，经过宗庙时，必须俯身小步快走，这都是孝子之道。所以从孩童时就教导他实行忠孝之道。于是挑选天下品行端正的人、孝敬长辈尊敬兄长的人、博闻强识有道术的人来辅佐他，让他们与太子一同居住出入，所以太子一生下来，见到的是正事，听到的是正言，行的是正道，他周围的人，都是正直的人，平常和正直人居住在一起，他不可能不正直，就好比是生长在齐地不能不说齐地语言，平常与不正的人居住一起，他就不可端正，这好比是生长在楚地的人不能不说楚地语言。所以根据他的喜好，一定要先接受学业，才可以进行尝试；根据他的爱好，一定要先进行研习，才能有所作为。孔子说："少年若天性，习惯如自然"，这就是殷、周之所以长久的道理啊。

——汉·贾谊《贾谊新书·保傅》

《易》曰：正其本而万物理。失之毫厘，差以千里，故君子慎始。《春秋》之元，《诗》之《关雎》，《礼》之冠婚，《易》之乾坤，皆慎始敬终云尔。素成谨为子孙婚妻嫁女，必择孝悌世世有行义者，如是则其子孙慈孝，不敢淫暴；党无不善，三族辅之。故曰凤凰生而有仁义之意，虎狼生而有贪戾之心，两者不等，各以其母。呜呼！戒之哉！无养乳虎，将伤天下。故曰，素成胎教之道，书之玉版，藏之金柜，置之宗庙，以为后世戒。

《易》里讲：端正根本一切事物才合道理。微小失误，将造成大错，所以君子要特别注意人生的开始。《春秋》首篇的内容，《诗经》的《关雎》，《礼》的开篇叙述冠婚事情，《易》开篇所讲的乾坤卦相，这都讲的是善始善终道理罢了。平常为子孙娶妻、为女儿择夫，一定要选择孝敬父母、尊重兄长、世代行义的人家，这样的子孙一定仁慈孝顺，不敢淫逸暴戾；亲族里如果有了不善良的人，亲族的人都可以帮助他改正。所以说凤凰天生就有仁义的本性，虎狼天生就有贪婪暴戾的本性，两者之所以不同，是由于它们各自的父母不同。唉！一定要以此为戒！不要饲养小虎，虎大必将伤人。所以说，平常形成胎教的方法，就把它写在玉版上，藏在金柜里，放在宗庙里，来作为警戒后世的训诫。

——汉·贾谊《贾谊新书·胎教》

经师易遇，人师难遭。

教授知识、技能的老师容易遇到，道德修养高，以身垂范的老师很难得到。

——明·袁宏道《后汉纪》

今之世，为人师者众笑之。举世不师，故道益离；为人友者不以道而以利。举世无友，故道益弃。呜呼！生于是病矣！歌以为箴，既以儆己，又以诚人。不师如之何，吾何以成？不友如之何，吾何以增？吾欲从师，可从者谁？借有可从，举世笑之。吾欲取友，谁可取者？借有可取，中道或舍。仲尼不生，牙（鲍叔牙）也久死。二人可作，惧吾不似。中焉可师，耻焉可友：谨是二物，用惕尔后，道苟在焉，傭丐为偶；道之反是，公侯以走。内考诸古，外考诸物，师乎友乎，敬尔毋忽。

现今，做老师的是受人讥笑的人。全社会都不尊师，因而道义日益远离人群；与人交友，不凭道义而凭私利。社会上没有了真正的朋友，因而道义日益被人群遗弃。唉！处在这样的时代真是错误的！写这篇文章作为箴言，既用以自我警戒，又用以劝诫他人。不师从老师会怎样呢，我们靠什么成就自己？没有真正的朋友会怎样呢，我们靠什么提高自己！我想师从老师，谁值得我师从呢？即使有能做我老师的人，他却会受到人们的讥笑。我想结交朋友，谁值得我结交呢？即使有能做我朋友的人，对待道义问题观点不同而会分手。现今再没有孔子那样的老师，鲍叔牙那样的朋友也死去久远了。即使二人在世，恐怕我们也难达到他们的境界。忠信之人可以作为老师，知耻之人可以结为朋友；谨慎地记住这两条从师取友的标准，时时警惕勿失。假如所信奉的道义相同，那么即使是佣人、乞丐也能够结为朋友；假如所信奉的道义不同，即使是公侯也应分手。认真思考古人的事迹，细心观察世情的变化，良师益友的作用，请你切莫忽视。

——唐·柳宗元《柳河东集》

师道既尊，学风自善。

教师的工作要是受到尊崇，学校风气自然会好。

——清·康有为《政论集》

疾学在于尊师。

要想很快地学到知识，重要的是在尊重老师。

——秦·吕不韦《吕氏春秋·劝学》

天地之所贵者，人也；圣人之所尚者，义也；德义之所成者，智也；明智之所求者，学问也。虽有至圣，不生而知；虽有至材，不生而能。故志曰：黄帝师风后，颛顼师老彭，帝喾师祝融，尧师务成，舜师纪后，禹师墨如，汤师伊尹，文武师姜尚，周公师庶秀，孔子师老聃。若此言之而信，则人不可以不就师矣。夫此十一君者，皆上圣也，犹待学问，其智乃博，其德乃硕，而况于凡人乎？是故工欲善其事，必先利其器；士欲宣其义，必先读其书。《易》曰：君子以多志前言往行，以畜其德。是以人之有学也犹物之有治也。

天地间最尊贵的是人；圣人所崇尚的是德义；德义方面有成就的人，是因为具有智慧；聪明智慧的人所追求的，就是学问。即使是圣明的人，也不是天生就知道一切；即使是最有才能的人，也不是天生就具备的。古书记载：黄帝学于风后，颛顼学于老彭，帝喾学于祝融，尧学于务成，舜学于纪后，禹学于墨如，汤学于伊尹，文、武学于姜尚，周公学于庶秀，孔子学于老聃。如果这说法可信，那么人不能不向老师学习。这十一位君子，都是有名的圣人，还不断追求学问，他们聪慧博学，德行丰厚，何况一般人呢？所以说工匠想做好自己的事情，首先得磨利手中的工具；士子要表达自己的思想，就必须读通应读的书籍。《易》中说：君子凭借博学广记先圣的言行，来培养自己的德行。因此人有了学问就像事物得到了治理。

——汉·王符《潜夫论·赞学》

古人云："膏粱难整。"以其为骄奢自足，不能克励也。吾见王侯外戚，语多不正，亦由内染贱保傅，外无良师教故耳。

古人说："整日享用精美食物的人，其品德很少有端正的。"这是因为他们骄横奢侈，自我满足，不能克制私欲，不能勉励自己。我见那些王公贵戚，说话大多不端正，这也是由于他们在内受到下贱保傅的熏染，在外没有良师益友教导影响的缘故。

——北齐·颜之推《颜氏家训》

古者，自天子达于庶人，必须师友以成其德业。

古时候，从皇帝到老百姓，都必须凭借老师同学来完成自己的品德学业。

——宋·程颢《论十事礼子》

善教者之为教也，致吾义忠，而天下之君臣义且忠矣；致吾孝慈，而天下之父子孝且慈矣；致吾恩于兄弟，而天下之兄弟相为恩矣；致吾礼于夫妇，而天下之夫妇相为礼矣。天下君君臣臣，父父子子，兄兄弟弟，夫夫妇妇，皆吾教也。民则曰："我赖于彼矣！"此谓化上而不知所以教之之源也。

善于施教的人实施教育，传授给我们仁义和忠信，天下的君主和臣子就仁义而忠信了；传授给我们仁慈和孝顺，天下的父母和子女就仁慈而孝顺了；教给我们对兄弟恩爱，天下的兄弟就相互恩爱了；教给我们夫妇间的礼仪，天下的夫妇就互相有礼了。天下君臣、父子、兄弟、夫妇间的伦理关系，都是我们教育的内容。百姓就说："我们生活必须依靠那些！"这是说国家推行教化而百姓不知道为什么教化他们的意图。

——宋·王安石《原教》

善之本在教，教之本在师。

为善的根本在于教育，教育的根本在于老师。

——宋·李觏《广潜论》

故教也者，义之大者也；学也者，知之盛者也。义之大者，莫大于利人，利人莫大于教。知之盛者，莫大于成身，成身莫大于学。

因此老师，是道义的大成者；学生，是知识的盛载者。道义再大，没有比利人更大的，使人受益，没有比教授别人更好的。获取知识，没有比修身更重大的，修养身心，没有比学习更重要的。

——秦·吕不韦《吕氏春秋》

凡学必务进业，心则无营。疾讽诵。谨辩司闻。观欢愉，问书意。顺耳目，不逆志。退思虑，求所谓；时辨说，以论道；不苟辨，必中法。得之无矜，失之无惭，必反其本。生则谨养，谨养之道，养心为贵……此所以尊师也。

凡是求学必须操心钻研学业，心智就不迷惑。努力讽喻诵读。小心谨慎辩论，耐心等待听讲。观看老师欢悦之时，请教书中内容。顺承老师的旨意，继承老师的志向。课余勤思虑，按老师讲的律己；时常开展辩论，来研究仁道；不苟安于口辩，必定能得到法则。有收获却不自夸，有过失而不自备怯懦，必定能返回他的本性。活着就相信保养，保养的方法，保养心智最为宝贵……这就是所以要尊师的道理。

——秦·吕不韦《吕氏春秋》

　　德无常师，主善为师；善无常主，协于克一。

　　道德没有固定不变的范例，符合善的标准的道德就是范例；善的标准也没有固定不变的，符合纯一的要求就是标准。

——春秋·佚名《尚书》

　　不贵其师，不爱其资，虽智大迷。

　　不尊重他的老师，不喜欢自己去借鉴，即使天资聪明做事也是糊涂人。

——春秋·李耳《老子》

　　学无常师，惟德所在。

　　学习没有固定的老师，只要有道德就向他学。

——三国·卞兰《赞述太子赋》

　　简练于学，成熟于师。

　　在学术技艺上下工夫磨练，在老师的教诲下成熟提高。

——汉·王充《论衡·量知》

　　故君子之教喻也：道而弗牵；强而弗抑；开而弗达。道而弗牵则和；强而弗抑则易；开而弗达则思。和易以思，可谓善喻矣。

　　所以君子教育开导学生：指导他们而不牵制他们，勉励他们而不强制他们，启迪他们而不代替他们。指导而不牵制他们则教学融洽，勉励而不强制他们则教学顺利，启迪而不代替他们则善于思考。教学关系融洽，工作顺利，来促使学生独立思考，可以说是善于启发诱导了。

——汉·戴圣《礼记·学记》

　　虽天子必有师。然亦何常师之有？唯道所在。

　　即使是皇帝也必定有老师。然而，哪里有固定的老师呢？谁掌握道就向谁学习。

——隋·王通《中论·问易》

　　人资质有美恶，得师友琢磨，知己不美而改之。

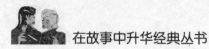

人的天资品质有优劣之分，得到老师、学友教诲研习，就知道自己的不足而改进它了。

——宋·陆九渊《学说》

好之而欲学者无其师，知之而欲传者无其徒，可不悲哉！

爱好而又希望学习的人没有老师，知晓而又希望传授的人没有学生，难道不可悲吗！

——宋·苏轼《书鲜于子骏楚词后》

古者教者，家有塾，党有庠，术有序，国有学。比年入学，中年考校。一年视离经辨志，三年视敬业乐群。五年视博习亲师，七年视论学取友，谓之小成。九年知类通达，强立而不返，谓之大成。夫然后足以化民易俗，近者说服，远者怀之，此大学之道也。

古代教学，一家中设有私塾，一党中设有庠，一个遂中设有序，一国之中设有太学。每年都有新生入学，隔年考试一次。入学一年考察经文的句读，辨别志趣趋向；三年考察是否专注学业，团结大家；五年考察是否博学笃行、亲近师长；七年考察学术论文、选择朋友，都合格的称之为小成。九年时学生知识广博，且能触类旁通，临事不惑，不违背师训，就可称之为大成。这才能教化百姓，改变风俗。近处的人心悦诚服，远处的人怀念归附，这就是大学教育的方法与次第。

——汉·戴圣《礼记·学记》

教无常师，道在则是。

接受教育，学习知识，没有固定的老师，有道的人就是老师。

——晋·潘岳《归田赋》

积德求师何患少，由来天地不私亲。

虚心求师、努力积德的人，就不怕成就不大，天地从来就不会偏私。

——唐·吕岩《答僧见》

问学必有师，讲习必有友。

请教和学习一定要有老师，讲解和温习也一定要有学友。

——宋·陆佃《省试策问》

师也者，教之以事，而喻诸德者也。

老师的职责，是通过具体的事情，晓喻品德方面的修养。

——汉·戴圣《礼记·文王世子》

赠人以言，重于金石珠玉；观人以言，美于黼黻文章；听人以言，乐于钟鼓琴瑟。故君子之于言，无厌。

把善良的言论赠给别人，就比金石珠宝还要宝贵；用善良言论指导别人，就比五彩文章还要华美；以善良的言论赞许别人，就比音乐还要动听。所以君子对于发表言论，并不表示厌倦。

——战国·荀况《荀子·非相》

师以质疑，友以析疑。师友者，学问之资也。

老师应善于提出问题，同学要善于分析解决问题。师生都这样做，是学问长进的资本。

——清·李惺《西沤外集》

自明然后能明人。

自己先明白事理，然后才能教人明白事理。

——宋·陆象山《陆象山语录》

骐骥虽疾，不遇伯乐不致千里；人才虽高，不务学问不能致圣。

骐骥虽跑得快，但如果不被伯乐发现就不会成为千里马；人的才能虽高，但如果不研究学问就不会成圣人。

——汉·刘向《说苑·建本》

德之不修，学之不讲，闻义不能徙，不善不能改，是吾忧也。

品德不培养，学问不讲习；听到道义在那里，却不能亲身接近；有缺点不能改正，这是我的忧虑！

——春秋·孔丘《论语·述而》

君子有三乐，而王天下不与存焉。父母俱存，兄弟无故，一乐也。仰不愧于天，俯不怍于人，二乐也。得天下英才而教育之，三乐也。

君子有三种乐趣，但是以德服天下并不在其中。父母都健康，兄弟没灾患，是第一种乐趣；抬头无愧于天，低头无愧于人，是第二种乐趣；得到天下优秀人才而对他们进行教育，是第三种乐趣。

——战国·孟轲《孟子·尽心》

欲正天下之人心，须慎天下之师受。

想要端正世人的心智，必须慎重世人对老师的选择。

——清·王夫之《四书训义》

致天下之治者在人才，成天下之才者在教化，致教化者在师儒。

使国家能治理好的关键在于任用人才，使国家的人才能培养好的关键在于教化，使教育发展的关键在于尊师。

——宋·胡瑗《松滋县学记》

智如泉源，行可以为表仪者，人之师也。智可以砥砺，行可以为辅弼者，人之友也。

智慧如泉水般永不枯竭，言行能做人表率的人，可以做人的老师。智慧可以互相磨砺，言行可以辅助人的人，可以做人的益友。

——汉·韩婴《韩诗外传》

《学记》曰："进而不顾其安，使有不由其诚，教人不尽其材"，人未安之又进之，未喻之又告之，徒使人生此节目。不尽材，不顾安，不由诚，皆是施之妄也。教人至难，必尽人之材，乃不误人；观可及处然后告之。圣人之明，直若庖丁之解牛，皆知其隙，刃投余地，无全牛矣。人之才足以有为，但以其不由于诚，则不尽其才，若曰：勉率而为之，则岂有由诚哉！

《学记》上说："老师只教授而不管学生是否领悟心安，期望学生有收获而不让他竭诚求学，教育学生而不能充分发展其才智。"其意是说学生没有学懂认可又传授新的知识，没有讲解明白又告诉新的知识，无端地让人产生一些问题，不能充分发挥学生才智，不考虑学生是否领悟心安，不让学生竭诚求学，都是教育的失误。教育人是很难的。必须充分发挥他们的才能，才不误人子弟。看在需要指导的地方再告诉他。圣人教育人高明，就像厨师解牛，完全了解牛的骨隙，游刃有余，没有全牛了。人的才智完全有所作为，但因学生不能竭诚求学，就不能充分发展他们的才智。如果说：勉强带领他们去做，岂有竭诚求学的呢！

——宋·张载《张子全书》

礼者，所以正身也；师者，所以正礼也。无礼何以正身？无师吾安知礼之为是也？

礼法，是用来端正自身的行为的；老师，是用来正确阐明礼法的。没有礼法，用什么来端正自身的行为呢？没有老师，又怎能知道礼义是正确的呢？

——战国·荀况《荀子·修身》

道之不行也，我知之矣：知者过之，愚者不及也。道之不明也，我知之矣：贤者过之，不肖者不及也。人莫不饮食也，鲜能知味也。

中庸的道理不能实行，我知道原因了：就是聪明人做得过头，愚笨的人达不到要求。中庸的道理不能昭示于世，我知道原因了：就是贤能的人做得过头，不贤能的人又达不到要求。就像人们没有不吃不喝的，但很少有人知道其中滋味的。

——战国·子思《礼记·中庸》

师友之功，但能示之于始，而正之于终尔。指引者，师之功也。

教师的作用，不但能在学生开始学习的时候做好示范，而且使他终身能正确应用。给学生指导引路，是教师的工作职能。

——宋·朱熹《朱子语类》

牛山之木尝美矣，以其郊于大国，斧斤伐之，可以为美乎？其所以放其良心者，亦犹斧斤之于木也，旦旦而伐之，可以为美乎？

牛山的树木曾经是很茂盛的，因为它长在大都市的郊外，老用斧子去砍伐，还能茂盛吗？人之所以丧失他的善良之心，也正像斧子对于树木一般，每天去砍伐它，能够茂盛吗？

——战国·孟轲《孟子·告子》

人之情，不能乐其所不安，不能得其所不乐。为之而乐矣，奚待贤者，虽不肖者犹若劝之。为之而苦矣，奚待不肖者，虽贤者犹不能久。反诸人情，则得所有劝学矣。

人之常情，不会乐于做自己内心不安的事，不会接受内心不乐意的东西。做事而且愉快，何必等待圣贤的人，即使是不肖之人也能劝他去做。做事而且痛苦，何必等待不肖之子，即使是圣贤之人也做不长久。回过来看人之常情，就能获得教育人的道理了。

——秦·吕不韦《吕氏春秋》

夫师，以身为正仪而贵自安也。

做老师的，应当以身作则，而更可贵的是心甘情愿这样去做。

——战国·荀况《荀子·修身》

善教者藏其用，民化上而不知所以教之之源。不善教者反此，民知所以教之之源，而不诚化上之意。

善于施教的人，不彰显教育的意图，百姓接受国家的教化可是不知道为什么教化他们的意图。不善于施教的人则与此相反，百姓知道为什么教化他们的意图，可是不会真诚地接受国家教化他们的思想。

——宋·王安石《原教》

凡兼人者有三术：有以德兼人者，有以力兼人者，有以富兼人者……以德兼人者王，以力兼人者弱，以富兼人者贫，古今一也。

凡是降服人的方法有三种：有用德行去降服人的，有以威力去降服人的，有以财富去降服人的……靠德行去降服人的就可称王，靠威力去降服人的就

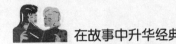

会衰弱，靠财富降服人的就会贫穷，这古今是一个道理。

——战国·荀况《荀子·议兵》

一日为师，终生为父。

即使是当过我一天的老师，终生都要当父亲一样敬重。

——汉·司马迁《史记·仲尼弟子列传》

君不得师，则不知所以为君，臣不得师，则不知所以为臣。

君主没有老师教诲，就不知道怎么做君主，臣子没有老师教诲，就不知道怎样做臣子。

——宋·王安石《请杜醇先生入县学书》

学者有四失，教者必知之。人之学也，或失则多，或失则寡，或失则易，或失则止。此四者，心之莫同也。知其心，然后能救其失也。教也者，长善而救其失者也。

学生有四种原因导致学习失败，做教师的必须要了解和掌握。有人学不好是因为读书贪多；有人学不好是因为读书太少；有人学不好是因为不够专注；有人学不好是因为浅尝辄止。这四种原因，是因为学生的认知心理特征不同。教师必须了解这些不同，然后才能有针对性地纠正他们的过错。善于教学的老师，其实就在不断地培养发挥学生特长，纠正弥补学生的不足。

——汉·戴圣《礼记·学记》

十三、教师的道德修养

风标才器，实足师范。

风格高标而又才气不凡，实在可以成为人学习的榜样。

——魏·魏收《魏书·彭城王传》

恭德慎行，为世师范。

看重品德，谨慎言行，就能为人师表。

——唐·李延寿《北史·杨播传论》

是故善为师者，既美其道，又慎其行，齐时蚤晚，任多少，适疾徐，造而勿趋，稽而勿苦，省其所为，而成其所湛，故力不劳而身大成，此之谓圣化，吾取之。

因此善于做老师的人，既能教学生完善他们的道义，又能教他们谨慎自己的行为。进行教育能适时、适量、适度，培养他们而不急躁，督查他们而不烦苦，了解他们的行为，成就他们的进步。这就是教师的"圣化"原则，我采纳这些原则。

——汉·董仲舒《玉杯》

己之才学为人所尊，乃可诲人以进修之要；己之性行为人所重，乃可诲人以操履之祥。

自己的才能学识被人们所尊重，才是能教育别人进修的关键；自己的品德操行被人尊崇，才是能教诲别人仿效的榜样。

——宋·袁采《袁氏世范》

富贵骄人固不善，学问骄人，害亦不细。

凭借财势在人面前骄傲自大本来就不好，凭借学问向他人显示骄矜，这种危害也不轻。

——宋·程颢《二程语录》

君子病无能焉，不病人之不己知也。

君子只惭愧自己没有能力，不怨恨别人不知道自己。

——春秋·孔丘《论语·卫灵公》

师必胜理行义，然后尊。

当教师的一定要明白道理实行仁义，然后才会得到人们的尊敬。

——秦·吕不韦《吕氏春秋·劝学》

其谏我也似子，其道我也似父。

他劝谏我的时候，像儿子那样恭敬，使人乐于接受；他开导我的时候，像父亲那样慈祥，使人感到温暖。

——战国·庄周《田子方》

以善先人者谓之教，以善和人者谓之顺；以不善先人者谓之谄，以不善和人者谓之谀。是是、非非谓之知，非是、是非谓之愚。伤良曰谗，害良曰贼。是谓是，非谓非曰直。窃货曰盗，匿行曰诈，易言曰诞。趣舍无定谓之无常，保利弃义谓之至贼。

用善行引导别人叫教导，用善行去附和别人叫顺应。用不善的言行引导别人叫谄媚，用不好的言行去附和别人叫阿谀奉承。是所当是、非所当非叫明智，把正确的当做错误的、把错误的当做正确的叫愚蠢。中伤良士叫谗言，陷害良士叫虐害。对就说对，错就说错叫正直。窃取财物叫偷窃，隐瞒自己行为叫欺骗，轻率不诚的言谈叫虚妄。进退没有定规叫无常，为保利益而背信弃义叫大贼。

——战国·荀况《荀子·修身》

在教育界立身的人，应该以教育为唯一的趣味，更不消说了。一个人若是在教育上感觉不到趣味，我劝他立刻改行。

在教育界做事的人，应该以教育为唯一的趣味，更不用说了。一个人若是在教育上感觉不到趣味，我劝他立刻改行。

——清·梁启超《饮冰室文集》

梓匠轮舆，能与人规矩，不能使人巧。

能工巧匠，能把制作的规矩准则传授给人，却不能使人一定具有高明的技巧（那是自己去寻求的）。

——战国·孟轲《孟子·尽心》

君子泰而不骄，小人骄而不泰。

君子安详舒泰，却不骄傲凌人；小人骄傲凌人，却不安详舒泰。

——春秋·孔丘《论语·子路》

孔子闲居，喟然而叹曰："铜鞮（晋国地名）伯华而无死，天下其有定矣。"子路曰："愿闻其为人也何若？"孔子曰："其幼也，敏而好学；其壮也，有勇而不屈；其老也，有道而能以下人。"子路曰："其幼也敏而好学，则可；其壮也有勇而不屈，则可；夫有道，又谁下哉？"孔子曰："由不知也。吾闻之，以众攻寡，而无不消也；以贵下贱，无不得也。昔者周公旦，制天下之政，而下士七十人，岂无道哉？欲得士之故也。夫有道而能下于天下之士，君子乎哉！"

孔子闲居在家，感慨地说："假如晋国大夫羊舌赤没死，天下可能就安定了。"子路说："想听听他的为人怎么样？"孔子说："他小时聪明好学；成年后勇敢而不屈服；老了后有德行而且甘居人下。"子路说："他小时聪明好学可以；成年后勇敢而不屈服也可以；他有德，又甘居谁人之下呢？"孔子说："仲由，你不懂。我听说以多攻少，没有不消灭的；以尊贵居卑贱之下，没有不得人心的。以前周公旦治理天下，甘居七十士子之下，难道周公旦无德吗？这就是为了得到士。有德而能甘居天下士之下，这样的人是君子啊！"

——汉·刘向《说苑·尊贤》

不论男女皆得为师，惟才德是视。

不论男女都可以成为教师，其标准只看他们的才能和品德。

——清·康有为《大同书》

教人治人，宜皆以正直为先。

教育人，管理人，都应以正直为首要任务。

——宋·王安石《洪范传》

始吾幼且少，为文章以辞为工。及长，乃知文者以明道，是固不苟为炳炳烺烺，务采色夸声音而以为能也。凡吾所陈，皆自谓近道，而不知道之果近乎远乎？吾子好道而可吾文，或者其于道不远矣。故吾每为文章，未尝敢以轻心掉之，惧其剽而不留也；未尝敢以怠心易之，惧其弛而不严也；未尝敢以昏气出之，惧其昧没而杂也；未尝敢以矜气作之，惧其偃塞而骄也。抑之欲其奥，扬之欲其明，疏之欲其通，廉之欲其节，激而发之欲其清，固而存之欲其重。此吾所以羽翼夫道也……凡若此者，果是耶非耶？有取乎抑其无取乎？吾子幸观焉，择焉，有余以告焉。

我年少时，写文章追求文辞的工巧。长大后，才懂得写文章是要阐明道的，因而就不再片面追求形式的漂亮，务求辞藻的华美，炫耀音节的悦耳，以为那才是好文章了。我所见诸文字的东西，都自认为是接近于道的，却不知究竟离道是近是远？你喜欢道并且认可我的文章，或许我的那些文字离道是不远的。所以，我每次写文章，从不敢以轻率之心随便去做，惟恐文章内容浮华而不充实；从不敢以懈怠之心随便去做，惟恐文章结构松散而不谨严；从不敢在头脑不清醒时出手，惟恐文章语意含混而杂驳；从不敢怀着骄矜的心态创作，惟恐文章傲慢盛气凌人。有所敛聚使文意含蓄，有所张扬使语意明快，有所疏略使形式畅达，有所收敛使结构简洁，有所激发使语言清新，有所固存使文辞凝重。这都有利于我对道的宣扬……我说的这些，是对是错？是采纳还是舍弃？你们阅读、取舍，有心得告诉我。

——唐·柳宗元《答韦中立论师道书》

凡学校之师，不论乡校、国学、太学，决当以德行学问为主。

凡是学校的教师，不论是乡校、国学、太学，一定要把品德行为和学问作为最主要的标准。

——明·陆世仪《思辨录辑要》

子曰："舜其大知也与！舜好问而好察迩言，隐恶而扬善，执其两端，用其中于民，其斯以为舜乎！"

孔子说："舜可以说是有大智慧的人了吧！舜能够不耻下问，而且善于体察近臣的言论；能够不揭别人的短处而宣扬别人的长处；对待事物能够从正反、本末、终始等两个方面进行考察，把握它的本质规律，恰当地处理政事，这就是舜之所以为舜的缘故吧！

——战国·子思《礼记·中庸》

子绝四：毋意，毋必，毋固，毋我。

孔子一点也没有四种毛病——不悬空揣测，不绝对肯定，不拘泥固执，不唯我独尊。

——春秋·孔丘《论语·子罕》

好大而不为，大不大矣；好高而不为，高不高矣。

喜欢大事却不做，大事就不是大事了；喜欢高尚却不力行，高尚就不是高尚了。

——汉·扬雄《法言·修身》

丈夫为志，穷当益坚，老当益壮。

大丈夫的志向，在穷困时应当更加坚定，在年老时应当更加远大。

——宋·范晔《后汉书·马援传》

动人以言者，其感不深；动人以行者，其应必速。

用言语去打动人的，其感染力不深；用行动去打动人的，其效应一定很快。

　　　　　　　　　　——明·李贽《奉天论奏当今所切务状》

见善如不及，见不善如探汤。吾见其人矣，吾闻其语矣；隐居以求其志，行义以达其道。吾闻其语矣，未见其人也。

看见善良，努力追求，好像赶不上似的；遇见邪恶，使劲避开，好像将伸手到沸水里。我看见过这样的人，也听到过这样的话。避世隐居以求保全他的意志，依义而行来贯彻他的主张。我听过这样的话，却没有见过这样的人。

　　　　　　　　　　——春秋·孔丘《论语·季氏》

躬自厚而薄责于人，则远怨矣。

多责备自己，而少责备别人，怨恨则不会来了。

　　　　　　　　　　——春秋·孔丘《论语·卫灵公》

孔子曰："圣则吾不能，我学不厌而教不倦也。"子贡曰"学不厌，智也；教不倦，仁也。仁且智，夫子既圣矣。"孔子不居。

孔子说："圣人，我做不到；我不过学习不知厌倦，教人不嫌疲劳罢了。"子贡说："学习不知厌倦，这是智；教人不嫌疲劳，这是仁。既仁且智，老师已经是圣人了。"圣人，连孔子都不敢自居。

　　　　　　　　　　——战国·荀况《孟子·公孙丑》

立教有本，躬行为起化之原。

立教有一定的原则，教师躬行示范是化育学生的本原。

　　　　　　　　　　——清·王夫之《四书训义·孟子》

士志于道，而耻恶衣恶食者，未足与议也。

读书人立志追求真理，如果以自己穿粗布衣服吃粗粮饭为耻辱，这种人是不值得和他谈理论道的。

　　　　　　　　　　——春秋·孔丘《论语·里仁》

故君子不可以不修身；思修身，不可以不事亲；思事亲，不可以不知人；思知人，不可以不知天。

所以君子不可以不修养自身品德；要修养自身品德，就不能不侍奉亲人；要侍奉亲人，就不能不知贤爱人；要知贤爱人，就不能不了解天理。

　　　　　　　　　　——战国·子思《礼记·中庸》

心虚则随处能得益。

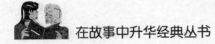

虚心就能处处获得收益。

——清·张履祥《杨园先生全集》

人各欲善其子，而不知自修，惑矣。

人们都想教好子女，但不懂得从自己做起，这真大惑不解了。

——清·张履祥《愿学记》

己先有过，何以正人之过乎！

自己先有了过错，怎么能够矫正别人的过错呢！

——明·陈确《雨窗漫笔》

君子之过也，如日月之食焉：过也，人皆见之；更也，人皆仰之。

君子的过失好比日食月食：错误的时候，每个人都看得见；更改的时候，每个人都仰望着。

——春秋·孔丘《论语·子张》

道不远人。人之为道而远人，不可以为道。

道就在日常生活里，并不远离人事。有些人天天讲道却远离人事，不能说他们讲的是正道。

——春秋·孔丘 摘自《礼记·中庸》

侍于君子有三愆：言未及之而言谓之躁，言及之而不言谓之隐，未见颜色而言谓之瞽。

陪着君子说话容易犯三种过失：没轮到他说话，却先说，叫做急躁；该说话了，却不说，叫做隐瞒；不看看君子的脸色便贸然开口，叫做盲目。

——春秋·孔丘《论语·季氏》

不患无位，患所以立。不患莫己知，求为可知也。

不发愁没有职位，只发愁没有任职的本领；不怕没有人知道自己，去追求足以使别人知道的本领好了。

——春秋·孔丘《论语·里仁》

饭疏食饮水，曲肱而枕之，乐亦在其中矣。不义而富且贵，于我如浮云。

吃稀饭，喝冷水，弯着胳膊做枕头，乐趣也在其中。干不正当的事得来的富贵，在我看来像是浮云。

——春秋·孔丘《论语·述而》

默而识之，学而不厌，诲人不倦，何有于我哉。

把所见所闻的默默地记在心里，努力学习而不厌弃，教导别人而不疲倦，这些事我做到了哪些呢？

——春秋·孔丘《论语·述而》

学者四失：为人则失多，好高则失寡，不察则易，苦难则止。

学者通常有四种过失：结交学友易过多过滥；志向高远易不精不专；研究不深易放弃；畏惧困难易停止不前。

——宋·张载《正蒙·中正篇》

故夫能说一经者为儒生；博览古今者为通人；采掇传书，以上书奏记者为文人；能精思著文，连接篇章者为鸿儒。

能够讲解一种经书的是一般书生；能够了解古今事理的是通才；能搜集情况传递信息，来书写奏章记录的是一般文人；能够深入思考，精心写作，著书立说的是鸿儒。

——汉·王充《论衡》

为师之务，在于胜理，在于行义。

作为教师的任务，在于遵循准则，在于施行仁义。

——秦·吕不韦《吕氏春秋》

益者三友，损者三友。友直、友谅，友多闻，益矣；友便辟，友善柔，友便佞，损矣。

有益的朋友三种，有害的朋友三种。同正直的人交友，同信实的人交友，同见闻广博的人交友，便有益了。同谄媚奉承的人交友，同阿谀逢迎的人交友，同夸夸其谈的人交友，便有害了。

——春秋·孔丘《论语·季氏》

邦有道，危言危行；邦无道，危行言孙。

国家政治清明时，言语要正直，行为要正直；政治黑暗时，行为要正直，言语要谨慎。

——春秋·孔丘《论语·宪问》

其身正，不令而行。其身不正，虽令不从。

统治者本身行为正当，不发命令，事情也行得通。他本身行为不正当，纵三令五申，百姓也不会信从。

——春秋·孔丘《论语·子路》

自得者，纯恃自力之谓。圣贤师友，能示我以为学之法，不能代我为学；能引我志于道，不能代我入道……学问者，父子兄弟不能以相代者也；人格者，父子兄弟不能相易者也。

自得纯粹是靠自己用心去得到的。良师益友能教给我的仅仅是学习方法，不能代替我学习；能把我的理想引向高尚，并不能代替我步入学道……做学问是父兄不能代替的；人格修养是父兄不能相换的。

——清·梁启超《论孟子遗稿》

君子既知教之所由兴，又知教之所由废，然后可以为人师也。故君子之教，喻也。

君子既知道教育能够取得成功的原因，也明白教育之所以失败的缘故，然后，他们就可以做教育别人的老师了。所以古时君子的教育，主要是开导学生。

——汉·戴圣《礼记·学记》

政者，正也，子帅以正，孰敢不正？

政字的意思就是端正。您自己带头端正，谁敢不端正呢？

——春秋·孔丘《论语·颜渊》

不勉己而欲勉人，难矣哉。

不勉励自己却想勉励别人，这很困难。

——唐·柳宗元《与韩愈论史官书》

学者知其所有，又在养其所有。

学习的人应该了解他所要掌握的，又要涵于其中。

——宋·程颢《明道学案》

子弟教不率从，必是教之不尽其道，为父兄师长者，但当反求诸己，未可全责子弟也。

学生、子女接受教育时不完全服从，必定是做老师的和做父母的没有完全掌握好教育他们的方法。作为父兄、师长应立即反思，不能完全责怪子女、学生。

——清·张履祥《杨园先生全集》

惟天下至圣，为能聪明睿智，足以有临也；宽裕温柔，足以有容也；发强刚毅，足以有执也；齐庄中正，足以有敬也；文理密察，足以有别也。

只有天下最圣明的人，才能做到聪明睿智可以视临万物；宽厚温柔可以包容天地；奋发刚强坚毅可以决断事物；端庄公正可以使人尊敬；条理清晰细致可以辨别是非邪正。

——战国·子思《礼记·中庸》

君子以文会友，以友辅仁。

君子以文章学问来结交朋友，依靠朋友帮助自己培养仁德。

——战国·曾参 摘自《论语·颜渊》

爱之，能勿劳乎？忠焉，能勿诲乎？

爱他，能不叫他劳苦吗？忠于他，能够不教诲他吗？

——春秋·孔丘《论语·宪问》

苟正其身矣，于从政乎何有？不能正其身，如何正人？

假如端正了自己，治理国家有什么困难呢？连本身都不能端正，怎么端正别人呢？

——春秋·孔丘《论语·子路》

子贡曰："君子亦有恶乎？"子曰："有恶。恶称人之恶者，恶居下流而讪上者，恶勇而无礼者，恶果敢而窒者。"曰："赐也亦有恶乎？""恶徼以为知者，恶不孙以为勇者，恶讦以为直者。"

子贡说："君子也有憎恶的事吗？"孔子道："有憎恶的事。憎恶一味传播别人缺点的人，憎恶在下位而毁谤上级的人，憎恶勇敢却不懂礼节的人，憎恶勇于贯彻自己的主张，却顽固不通、执拗到底的人。"孔子又道："赐，你也有憎恶的事吗？"子贡回答："我憎恶抄袭别人的成绩却自以为聪明的人，憎恶毫不谦虚却自以为勇敢的人，憎恶揭发别人的隐私却自以为直率的人。"

——春秋·孔丘《论语·阳货》

人之患，在好为人师。

平常人的毛病，在于喜欢做别人的老师。

——战国·孟轲《孟子·离娄》

《论语》问同而答异者至多，或因人材性，或观人之所问意思而言及所到地位。

《论语》中之所以所问相同而回答不同，有的是根据人的材质心性，有的是看人问的意思以及话说达到的程度回答。

——宋·程颐《二程遗书》

能一能十，非才之美者也，能百能千而不厌不倦，其才不可及也！

能办成一件或十件事，不是才智最好的人。而能够成就上百上千件大事，仍然不满足不倦怠的人，其才智是一般人不能达到的。

——清·王夫之《思问录·内篇》

士君子之容：其冠进，其衣逢，其容良。俨然，壮然，祺然，蕼然，恢恢然，广广然，昭昭然，荡荡然，是父兄之容也；其冠进，其衣逢，其容悫。俭然，侈然，辅然，端然，訾然，洞然，缀缀然，瞀瞀然，是子弟之容也。

官员君子的容貌是：他的帽子端正，衣服合身，容貌和善。庄重、威严、安详、洒脱、宽厚、豪放、坦诚、开朗，这是做父兄的仪态；他的帽子端正，衣服合体，为人诚实、谦逊温顺、亲近端正、勤勉恭敬、规规矩矩、垂目下视，这是做子弟的仪态。

——战国·荀况《荀子》

《学记》云："善学者师逸而功倍，不善学者师劳而功半。"我亦曰：善师者学逸而功倍，不善师者学劳而功半。

《学记》说："善于学习的人，老师轻松且学习效果明显；不善于学习的人，老师辛劳而效果不佳。"我也说：教学好的老师，学生学习轻松而效果明显；教学不好的老师，学生学习辛苦且效果不佳。

——明·陆世仪《思辨录辑要》

孔子曰："三人行，则必有我师"，是故弟子不必不如师，师不必贤于弟子。闻道有先后，术业有专攻，如是而已。

孔子说："几个人在一起行走，其中必定有能当我老师的人"，所以学生不一定不如老师，老师也不一定比学生高明。只是懂得道理有先有后，技能业务各有钻研与擅长，不过这样罢了。

——唐·韩愈《师说》

虽有嘉肴，弗食不知其旨也，虽有至道，弗学不知其善也。是故，学然后知不足，教然后知困。知不足，然后能自反也；知困，然后能自强也。故曰：教学相长也。《兑命》"学学半"，其此之谓乎！

虽然有好菜，如果不吃，也就不能知道它的美味；虽然有至善的道理，如果不去学习，也不知道它的美好可贵。所以说：学习过后才知道自己的学识不够，教人之后才发现自己的学识不通达。知道不够，然后才能反省，努力向学。知道有困难不通达，然后才能自我勉励，发奋图强。所以说：教与学是相辅相成的。《尚书·兑命篇》说：教别人能够收到一半学习的效果，教学互进。是这个意思。

——汉·戴圣《礼记·学记》

人之情，恶异于己者，此师徒相与造怨尤也。人之情，不能亲其所怨，不能誉其所恶。学业之败也，道术之废也，从此生矣。

人的情感，都有排他的倾向，这是师徒之间心志不同所造成的。人的情感，不能够亲近所怨恨的人，不会称赞所厌恶的事。学业的衰败，道术的败落，就此而产生了。

——秦·吕不韦《吕氏春秋》

天下难事，必作于易。天下大事，必作于细。是以圣人终不为大，故能成其大。

天下的难事，必然从容易的做起。天下的大事，必然从小事做起。因此圣人始终不直接去做大事，所以能做成伟大的功业。

——春秋·李耳《老子》

智者见祸福远，其知利害蚤。物动而知其化，事兴而知其归，见始而知其终，言之而无敢哗，立之而不可废，取之而不可舍，前后不相悖，终始有类，思之而有复，及之而不可厌。其言寡而足，约而喻，简而达，省而具，少而不可益，多而不可损，其动中伦，其言当务，如是者谓之智。

聪明的人对祸与福预见得远，对利和害预见得早。万物萌动时就知道它的变化，事物兴起时就知道它的结果，看见开端就知道它的结局，对任何事情，表达意见不敢过分声张，确立了目标就不轻易放弃，选择了它就紧抓不放。前后一致，善始善终。思考一个问题，须经反复斟酌，达到了目的也不自满。他的话语不多但道理充足，（思想）精要而明白，（语言）简略而畅达，（材料）俭素而充实。他的表达在简略处不能增加，繁细处不能删削。他的行动合乎常理，他的言辞适于时务。只有像这样，才可以称之为"智"。

——汉·董仲舒《春秋繁露》

孔子教人，各因其材，有以政事入者，有以言语入者，有以德行入者。

孔子施教，因各人的材质不同而使用的方法不同。有用政事引入的，有用文学引入的，有用德行引入的。

——宋·程颐《河南程氏遗书》

古之教者，莫难严师。师严道尊，教乃可施。

古时候的老师，没有比做要求严格的老师再难的了，老师严格要求而学问道理又受到尊崇，教育才能施行。

——明·王守仁《严师箴》

不自见，故明。不自视，故彰。不自伐，故有功。不自矜，故长。夫唯不争，故天下莫能与之争。

不自我显露，所以才是明智。不自以为是，所以才是非分明。不自我夸耀，所以才有功绩。不自高自大，所以才能久长。正因为不与人争，所以天下没有谁能和他相争。

——春秋·李耳《老子》

言近而旨远者，善言也；守约而施博者，善道也。君子之言也，不下带而道存焉；君子之守，修其身而天下平。人病舍其田而芸人之田——所求於人者重，而所以自任者轻。

言语浅近，意义却深远的，这是"善言"；所操持的简单，效果却广大的，这是"善道"；君子的言语，讲的虽是常见的事情，可是"道"就在其中；君子的操守，从修养自己开始，然后去影响别人，从而使天下太平。有些人的毛病就在于放弃自己的田地，却去替别人芸田——要求别人的很重，自己负担的却很轻。

——战国·孟轲《孟子·尽心》

知人者智，自知者明。胜人者有力，自胜者强。知足者富，强行者有志。不失其所者久，死而不亡者寿。

能看清别人的人算是有智慧的人，能看清自身的人称为有明智的人。能战胜别人的人是有勇气的人，能战胜自我的人是坚强的人。知道满足算是富有，坚持自修算是有志。保全自身而不失去根基才能长久，虽然死去，而人们却能记住他，这样的人才算是真正的长寿。

——春秋·李耳《老子》

山木自寇也，膏火自煎也。桂可食，故伐之，漆可用，故割之。人皆知有用之用，而莫知无用之用也。

山上的树木因为材质可用而自招砍伐，膏脂因为可以照明而被燃烧。桂树因为可以食用，所以被砍伐；漆树因汁可以涂饰，所以就遭刀割。人们都知有用的用处，而不知道不用的微妙用处。

——战国·庄周《人间世》

曰：有教立道，无止仲尼；有学述业，无止颜渊。或曰：立道，仲尼不可为思矣。述业，颜渊不可为力矣。曰：未之思也，孰御焉。

说：有教育的能力，就确立自己的学派，不要拘止于孔子的学问；有堪学习的能力就要承述其业，不要拘止于颜渊之业。有人说：立道创学，孔子已至其极，别人不能再想了；承学述业，颜渊已是最好的，后人再努力也无用了。回答说：这是没有思索的谬说。学无止境，谁能禁止它向前发展呢？

——汉·扬雄《法言·学行》

曲则全，枉则直，洼则盈，敝则新，少则得，多则惑。是以圣人抱一位天下式。

委曲反而能保全，弯曲反而能伸直，低洼反而能积满，陈旧反而能出新，少取反而能有所得，贪多反而导致迷惑。因此，圣人遵守着正道的原则行动，成为天下的范式。

——春秋·李耳《老子》

记中说："君子庄敬日强，安肆日偷。"盖常人之情，才放肆则日就旷荡，才检束则日就规矩。

《礼记》中说："君子庄重虔敬就一天天强健，安逸放肆就一天天怠惰。"一般人的性情，才放肆一点就一天天地无法无天了，刚约束一点就一天天地规规矩矩了。

——宋·程颐《伊川学案》

不知其子，视其所父；不知其人，视其所友；不知其君，视其所使。与善人居，如入芝兰之室，久而不闻其香，则与之化矣；与恶人居，如入鲍鱼之肆，久而不闻其臭，亦与之化矣。故曰："丹之所藏者赤，乌之所藏者黑。"君子慎所藏。

不了解孩子，看看孩子的父亲就知道；不了解本人，看他周围的朋友就可以；不了解主子，看他派遣的使者就可以。所以常和品行高尚的人在一起，就像沐浴在种植芝兰散满香气的房间，时间长了便闻不到香味，但本身已经充满香气；和品行低劣的人在一起，就像到了卖鲍鱼的地方，时间长了也闻不到臭了，也融入到环境里了；所以说："藏丹的地方时间长了会变红，藏漆的地方时间长了会变黑，也受环境影响啊！"君子必须谨慎选择自己处身的环境。

——汉·刘向《说苑·杂言》

善行，无辙迹。善言，无瑕谪。善数，不用筹策。善闭，无关楗而不可开。善结，无绳约而不可解。

善于行走的，不留辙迹。善于说话的，不留让人指摘的口实。善于计数的，不必用筹码。善于关闭的，不用门闩也让人无法打开。善于打结的，不用绳索也让人无法解开。

——春秋·李耳《老子》

不骄方能师人之长，而自成其学。

不骄傲才能学习别人的长处，进而才能自成其学业。

——清·谭嗣同《论学者不当骄人》

君子貌足畏也，色足惮也，言足信也。

君子外貌足以使人敬畏，仪表足以使人惧怯，言论足以使人信服。

——春秋·孔丘 摘自《礼记·表记》

圣人于文章，不讲而学。盖讲者有可否之疑，须问辨而后明。学者有所不知，问而知之，则可否自决，不待讲论。如孔子之盛德，惟官名礼文有所不知，故问于郯子、老子，既知则遂行而已，更不须讲。

圣明的人对于文章，不是听讲而是自学。听讲的人有是与否的疑问，须询问论辩后才明白。自学的人对不懂的问题，询问清楚之后，是非自己断定，不待听讲辩论。像孔子那样贤德智慧的人，官名礼文尚且不知，因此向郯子、老子求问，已经知道就实，更不需要讲解了。

——宋·程颢《二程遗书》

以读书著书为儒者，七百年来之大梦也。

以读书著书为业的儒家学派的人，这是七百年来的人生大梦。

——清·李塨《恕谷年谱》

轻信轻发，听言之大戒也。愈激愈厉，责善之大戒也。

听信谣言而随便发怒，这是听话的大忌讳。教育学生不宜用激烈的方法而随便发怒，这是教人从善的大忌讳。

——古代格言

君子能为可贵，不能使人必贵己；能为可用，不能使人必用己。

君子能使自己尊贵，但不能使别人一定尊重自己；能使自己有用，但不能使别人一定重用自己。

——战国·荀况《荀子·大略》

涵养须用敬，进学则在致知。

要有深厚的修养必须有一颗虔诚的心，学业有所进展就要不断获取知识。

——宋·程颐《二程遗书》

鸟之将死，其鸣也哀；人之将死，其言也善。君子所贵乎道者三：动容貌，斯远暴慢矣；正颜色，斯近信矣；出辞气，斯远鄙倍矣。

鸟将要死了，鸣叫声是悲哀的；人将要死了，说的话是善意的。君子待人接物可贵的方面有三个：严肃自己的容貌，就可以避免别人的粗暴懈怠；端正自己的脸色，就容易使人相信；说话时多考虑自己的言辞声调，就可避免鄙陋粗野和错误。

——战国·曾参《论语·泰伯》

名与身孰亲？身与货孰多？得与亡孰病？是故甚爱必太费，多藏必厚亡。故知足不辱，知止不始，可以长久。

名誉与生命哪个更可爱？生命与财产哪个更珍贵？得到与丧失哪个更痛

苦？因此过分的吝惜必然要招来巨大的耗费，过多的收取财物必然会招来沉重的损失。因此人只有知足才会不受困苦，办事知道在恰当的时候停止才不会有危险，才可以长久地保全自己。

——春秋·李耳《老子》

人之生也柔弱，其死也坚强。万物草木之生也柔脆，其死也枯槁。故坚强者死之徒，柔弱者生之徒。

人活着时身体是柔软的，死亡后身体就僵硬了。万物草木活着时形体是柔韧的，死亡后变得枯槁。所以坚硬刚强的东西属于死亡一类，柔韧细弱的东西属于生存一类。

——春秋·李耳《老子》

巍峨岩岫者，山岳之本也；德行文学者，君子之本也。莫或无本能而能立焉！

巍峨的岩石山穴，是高山的根基；德行学问，是君子的根基。没有根基不牢固而能自立于世的。

——晋·葛洪《抱朴子·缩本》

学者全要识时，若不识时，不足以言学。颜子陋巷自乐，以有孔子在焉。若孟子之时，世既无人，安可不以道自任。

学者一定要识时务，如果不识时务，不能说是治学。颜渊在简陋的村巷自以为乐，因为有孔子在那里。如孟子的时候，世上没有圣人，怎能不以推行仁道为自己的责任呢。

——宋·朱熹《孟子集注》

善读书者，无之而非书：山水亦书也，棋酒亦书也，花月亦书也。善游山水者，无之而非山水：书史亦山水也，诗酒亦山水也，花月亦山水也。

善于读书的人，没有东西不是书：山水也是书，棋酒也是书；善于游历山水的人，没有东西不是山水：书画和史书也是山水，诗歌和美酒也是山水，鲜花和明月也是山水。

——清·张潮《幽梦影》

丘死之后，商也日益，赐也日损；商也好与贤己者处，赐也好说不如己者。

（孔子说）我死后，子夏每天会进步，子贡会退步；因为子夏喜欢和比自己强的人相处，子贡喜欢跟不如自己的人相交。

——汉·刘向《说苑·杂言》

凡事不宜刻，若读书则不可不刻；凡事不宜贪，若买书则不可不贪；凡事不宜痴，若行善则不可不痴。

凡事不该苛刻，如果读书就不能不苛刻；凡事不该贪婪，如果买书就不能不贪婪；凡事不该痴情，如果行善就不能不痴情。

——清·张潮《幽梦影》

君子之心事，天青日白，不可使人不知；君子之才华，玉韫珠藏，不可使人易知。

君子的心地，像青天白日一样光明磊落，在人面前没什么可隐蔽的；君子的才华，像珍珠美玉一般珍贵，在人面前不应卖弄才华。

——明·洪应明《菜根谭》

学者须敬守此心，不可急迫，当栽培深厚，涵泳于其间，然后可以自得。但急迫求之，终是私己，终不足以达道。

学者应当专心致志，不能急迫，需培植学养，沉浸于学习之中，然后才能有所收获。如果急迫地去追求，最终不过为一己私利，终究不能得到做学问的要旨。

——宋·程颢《明道学案》

酒可好不可骂座，色可好不可伤生，财可好不可昧心，气可好不可越理。

喜好饮酒但不能辱骂客人，喜爱美色但不能伤害生命，贪爱钱财但不可违背良心，喜好斗气但不能违越理义。

——清·张潮《幽梦影》

君子壹教，弟子壹学，亟成。

君子一心一意地教，学生一心一意地学，很快就会有成就。

——战国·荀况《荀子·大略》

温故而不知新，故不足以为人师。

只学习旧的知识而不能确立新论，这样的人不能做人的老师。

——宋·朱熹《朱子语类》

士不先定其所存，正使探极原本，追配《雅颂》，只是驰骋于末流，无益也。

读书人不先确定立身之处，正当地去探究事物的本原，追求附庸《雅》《颂》，只能是在文人末流徘徊，没有益处。

——宋·叶适《习学记言》

或曰：孔子之事多矣，不用，则亦勤且忧乎？曰：圣人乐天知命，乐天则不勤，知命则不忧。

有人问：孔子能做的事情很多，不被任用，也勤忙而忧苦吧？回答说：圣人乐意上天的安排，安于自己的命运。乐意上天的安排就不会苦恼，安于自己的命运就不会忧愁。

——汉·扬雄《法言·修身》

贤哉，回也！一箪食，一瓢饮，在陋巷，人不堪其忧，回也不改其乐。贤哉，回也！

颜回多么有修养呀！一竹筐饭，一瓢水，住在小巷子里，别人都受不了那穷苦的忧愁，颜回却不改变他自有的快乐。颜回多么有修养呀！

——春秋·孔丘《论语·雍也》

古之学者必严其师，师严而后道尊。

古时候求学的人，一定要尊敬老师，老师受到尊敬道义才能得到尊崇。

——宋·欧阳修《答祖择之书》

书为晓者传，事为识者贵。

书为明理者所传诵，经验为有卓识者所珍惜。

——晋·葛洪《抱朴子·内篇》

儒有可亲而不可劫也，可近而不可迫也，可杀而不可辱也，其居处不淫，其饮食不溽，其过失可微辨，而不可面数也。

儒者持有的品行是：可以亲近而不可胁迫，可以接近而不可逼迫，可以杀害而不可侮辱。他们的生活不奢侈，饮食不丰美。对他们的过失可以委婉地批评，却不可当面指责。

——春秋·孔丘 摘自《礼记·儒行》

回也，非助我者也，于吾言无所不说。

颜回不是能帮助我的人，他对我的话没有不心悦诚服的。

——春秋·孔丘《论语·先进》

良农不为水旱不耕，良贾不为折阅不市，士君子不为贫穷怠乎道。

好的农民不会因为遭到水旱灾害就不再耕种，好的商人不会因为亏本就不再做买卖，有志气节操的官员、文人不会因为贫穷而怠慢道义。

——战国·荀况《荀子·修身》

未可言而言谓之傲，可与言而不言谓之隐，不观气色而言谓之瞽。故君子不傲、不隐、不瞽，谨顺其身。

对那些不可与之交谈的人，你和他谈了，这叫做浮躁；对那些可以与之交谈的人，你又不和他交谈，这叫做隐瞒；不观察对方的表情而与他交谈，这叫做盲目。所以君子不浮躁，不隐瞒，不盲目，谨慎地对待来请教的人。

——战国·荀况《荀子·劝学》

人犯一苟字，便不能振；人犯一俗字，便不可医。

人如果染上随便的毛病，这个人就不能振作；人如果陷入庸俗之流，这个人就不可救药。

——清·王永彬《围炉夜话》

为学不外静敬二字，教人先去骄惰二字。

做学问的人不外乎就在"静""敬"二字上下功夫；教会别人首先要去掉"骄""惰"两大毛病。

——清·王永彬《围炉夜话》

人必其自爱也，然后人爱之；人必其自敬也，然后人敬之。

人必须是他能自爱，然后人才能爱他；人必须是他能尊敬自己，然后人才能尊敬他。

——汉·扬雄《法言》

君子无爵而贵，无禄而富，不言而信，不怒而威，穷处而荣，独居而乐！岂不至尊、至富、至重、至严之情积此哉！

君子没爵位而能尊贵，没俸禄而能富贵，不絮叨但很有威信，不发怒但很有威严，困境中依然故我，独居而怡然自乐。这岂不是最尊贵、最富有、最有威信、最具严谨的都集中在这里了吗？

——战国·荀况《荀子·儒效》

盖文章，经国之大业，不朽之盛事。

著书立说，是治理国家的伟大业绩，永不腐朽的盛大事业。

——汉·曹丕《典论·论文》

境遇休怨我不如人，不如我者尚众；学问休言我胜于人，胜于我者还多。

境遇别埋怨我不如人，不如我的人还有很多；学问别说我超过了人，超过我的人还有很多。

——清·李惺《西沤外集》

十四、教师的技艺能力

惟无不师者，乃复能为天下师。

只有拜所有的人为师，才能成为众人的老师。

——明·庄元臣《叔苴子·内篇》

大巧在所不为，大智在所不虑。

大的技巧在于不去做不能做的事，大的智慧在于不去考虑不该考虑的事。

——战国·荀况《荀子·天论》

凡学之道，严师为难。师严然后道尊，道尊然后民知敬学……大学之礼，虽诏于天子，无北面，所以尊师也。

求学的道理，尊敬老师是最难做到的。老师受到尊敬，然后真理学问才会受到敬重。真理学问受到尊敬，然后人们才会敬重学问……大学的礼法，对天子授课时，老师不处于面朝北的臣位，就是为了表示尊师重道。

——汉·戴圣《礼记·学记》

但患我不肯济人，休患我不能济人；须使人不忍欺我，勿使人不敢欺我。

就怕自己不愿去帮助别人，不怕自己没能力去帮助别人；应该让别人不忍心来欺负我，不应该让别人因害怕而不敢欺辱我。

——清·王永彬《围炉夜话》

大丈夫处事，论是非，不论祸福；立言，贵平正，尤贵精详。

大丈夫处理事情时，只问做得对与不对，而不考虑这样做带给自己的是祸还是福；读书人著书立说时，最可贵的是公正平实，尤为可贵的是精当详实。

——清·王永彬《围炉夜话》

儒者多文为富，其文非时文也；君子疾名不称，其名非科名也。

读书人都把能做文章作为财富，当然这些文章并非当时应景之作；真君子担心名声不好，当然这名声不是科举考试的名次。

——清·王永彬《围炉夜话》

凡学问之法，不为无才，难于距师，核道实义，证定是非也。问难之道，非必对圣人及生时也；世之解说者，非必须圣人教告，乃敢言也。苟有不晓解之问，迢难孔子，何伤于义？诚有传圣业之知，伐孔子之说，何逆于理？谓问孔子之言，难其不解之文，世间弘才大知生，能答问解难之人，必将贤吾世间难问之言是非。

做学问的方法，不是没有才能，难在超越老师，核实义理，论证是非。问难的方法，不一定非得请教圣人以及在圣人活的时候请教他；世上解释说明一些问题的，不一定必须是圣人教诲告诉的，才敢说明。如果有不明白的问题，责难孔子，怎么能伤害于道义呢？真有传递圣人事业的智慧，就是批判孔子的学说，怎么能违逆于理义呢？就说孔子的言论，也难以解释那些不易理解的文章。世间雄才大略的人出生了，能够回答疑问解释难题，必定将比我们能更好地解释说明世间疑问难题的言论是非。

——汉·王充《问孔》

君子知至学之难易而知其美恶，然后能博喻，能博喻然后能为师。

君子懂得求学难易顺序，明白人的天资高低差异，然后方能因材施教，广泛地晓喻。能广泛地晓喻，然后才能当老师。

——汉·戴圣《礼记·学记》

师术有四，而博习不与焉。尊严而惮，可以为师；耆艾而信，可以为师；诵说而不陵不犯，可以为师；知微而论，可以为师。

当教师的条件有四个，可是仅仅广泛的学习是不能做老师的。有尊严令人敬畏的可以为师，年长而有威信的可以为师，能够纲领昭畅，循序渐进的可以为师，知悉事物的精微而论定的可以为师。

——战国·荀况《荀子·致士》

大匠不为拙工改废绳墨，弈不为拙射变其彀率。君子引而不发，跃如也。中道而立，能者从之。

高明的师傅不因为笨拙的徒弟改变或者废弃规矩，善射的羿也不因为拙劣的射箭学徒变更拉开弓的弧度。君子教导人正如高明的射手教人射箭，张满了弓，却不发箭，作出跃跃欲试的样子。他在正确道路之中站住，有能力的便跟随着来。

——战国·孟轲《孟子·尽心》

君子之言，幽必有验乎明，远必有验乎近，大必有验乎小，微必有验乎著。无验而言之谓妄，君子妄乎？不妄。

　　君子论说幽玄之理，一定用显明易晓的道理作验证；论说悠远之理，必有浅近的道理作验证；论说微妙之理，必有显著的道理作验证。没有验证而夸夸其谈就是荒诞。君子荒诞吗？不荒诞。

——汉·扬雄《法言·问神》

　　君子之言，涉然而精，俛然而类，差差然而齐。

　　君子的言语，浅显而精当，勤勉而妥当，参差而整齐。

——战国·荀况《荀子·正名》

　　善教者，不以赏罚而教成。教成而赏罚弗能禁。

　　善于进行教育的人，不单纯用奖励或者惩罚的方式使教育成功。教育成功了可是赏罚还不能禁止。

——秦·吕不韦《吕氏春秋》

　　君子知在位者之不能以恶服人也，是故简六艺以赡养之。《诗》《书》序其志；《礼》《乐》纯其美；《易》《春秋》明其知；六学皆大，而各有所长。《诗》道志，故长于质；《礼》制节，故长于文；《乐》咏德，故长于风；《书》著功，故长于事；《易》本天地，故长于数；《春秋》正是非，故长于治人；能兼得其所长。而不能偏举其详也。

　　君子知道管理者他不能以粗暴制服百姓，因此归纳为六艺来培养。用《诗》《书》培育他思想而坚定其志向；用《礼》《乐》纯洁他身心而美化其言行；用《易》《春秋》让他明白事理而增长其智慧；六门学问都很重大，而且各有所长。《诗》是表达人思想感情的，因此能增长人的气质；《礼》是约束人言行的，因此能修饰人的外表；《乐》是歌咏人德行的，因此能增强人的风度；《书》是记录人功业的，因此能增长人做事的才干；《易》是描述天地运行的，因此能增长人的数理知识；《春秋》是端正人的是非观念的，因此能增长人的管理才能。要获得六方面的知识而增长才能，可不能偏执学习某一学科。

——汉·董仲舒《春秋繁露》

　　善歌者，使人继其声，善教者，使人继其志。其言也约而达，微而臧，罕譬而喻，可谓继志矣。

　　善于唱歌的人，能使人爱好学习他的歌声；善于教育的人，能使人仰慕继承他的志向。教育的言语简要却通达晓畅，隐微而允当，少用比喻而且容易明白。这可算是能使人继承自己的意志了。

——汉·戴圣《礼记·学记》

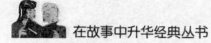

在故事中升华经典丛书

教以言相感，化以神相感。

教育要用言谈讲论来感染对方，感化则要精神情感来感染对方。

——清·魏源《默觚·治篇》

凡授书，不在徒多，但贵精熟；量其资禀，能二百字者止可授以一百字，常使精神力量有余，则无厌苦之患，而有自得之美。

讲授知识，不在贪图过多，但可贵的是精通和熟练；根据学生的资质禀赋，能教二百字的只能教一百字，经常使精神力量有余，这样就没有厌苦的担忧，往往有自得的美感。

——明·王守仁《教约》

教人者必知至学之难易，知人之美恶，当知谁可先传此，谁将后倦此。若洒扫应对，乃幼而孙弟之事，长后教之，人必倦弊。惟圣人于大德有始有卒，故事无大小，莫不处极。今始学之人，未必能继，妄以大道教之，是诬也。

老师一定知道去学习的难易，知道人的好恶，应当知道谁可以先传授这知识，谁可以后传而且对此厌倦。像洒扫应对之类，是年幼时所教的事情，长大后再教就厌倦无效。只有圣明的人对于伟大的仁德有始有终，因此事情无论大小，没有做不周的。现在开始学习的人，不一定能这样，错误地用大道理教导，这是错误的。

——宋·张载《正蒙·中正》

故说诗者，不以文害辞，不以辞害志。以意逆志，是为得之。

所以解说诗歌的人，不要拘于文字而误解词句，也不要拘于词句而误解原意。用自己切身的体会去推测作者的本意，这就对了。

——战国·孟轲《孟子·万章》

仁之法，在爱人不在爱我；义之法，在正我不在正人。我不自正，虽能正人，弗予为义。人不被其爱，虽厚自爱，不予为仁。

仁的法则是爱人而不是爱我；义的法则是正我而不是正人。自己不正，即使能正人，我认为是不义。不能爱人，即使很爱自己，我认为是不仁。

——汉·董仲舒《春秋繁露》

能读无字之书，方可得惊人妙句；能会难通之解，方可参最上禅机。

能读懂社会、人生这本书，才能得到惊人的妙句；能领会难以通晓的问题，才能参透最高的禅机。

——清·张潮《幽梦影》

192

好问则裕，自用则小。

善于请教的人收获就多，刚愎自用的人所得就少。

——春秋·佚名《尚书·仲虺之诰》

今之教者，呻其占毕，多其讯言，及于数进，而不顾其安。使人不由其诚，教人不尽其材。其施之也悖，其求之也佛。夫然，故隐其学而疾其师，苦其难而不知其益也，虽终其业，其去之必速。教之不刑，其此之由乎！

现今的老师，朗诵不释其意，问难学生较多，求数量赶进度，而不顾学生是否学懂记牢。要求学生不能从实际出发，教育学生不能依据材质施教。他教授学生却违背常理，他要求学生却违逆不顺。这样，学生就逃避学业并怨恨他的老师，求学畏难怕苦而不懂得它的好处。虽然学习终结，所学的东西必然忘得快，教学的目的不能达到，其原因就在这里啊！

——汉·戴圣《礼记·学记》

必以修身为本，然后师道立。

一定要以修身为根本，然后师道才能树立起来。

——明·王艮《心斋语录》

帝曰："夔！命汝典乐，教胄子，直而温，宽而栗，刚而无虐，简而无傲。"

舜帝说："夔啊！任命你担任乐官，去教导那些贵族子弟，要他们正直而温和，宽厚而仁德，刚强而不粗暴，谦恭而不傲慢。"

——舜帝 摘自《尚书》

人之为学，不可自小，又不可自大……故自小，小也，自大，亦小也。

人治学，不能自己小视自己，也不能自己抬高自己……自己小视自己，自己真的就卑贱渺小了；自己抬高自己，自己也卑贱渺小了。

——明·顾炎武《日知录》

善教者浃于民心，而耳目无闻焉，以道扰民者也。不善教者施于民之耳目，而求浃于心，以道强民者也。

善于施教的人在滋润百姓的心灵，而且眼不见耳不闻，用道义来安顺百姓。不善于施教的人，是让百姓耳闻目睹，而希望能够融于百姓的心，用道义强迫百姓的人。

——宋·王安石《原教》

十五、教学的目的

教人未见意趣，必不乐学。

教学如果没有意味和情趣，学生一定不乐于学习。

——宋·杨时《论学篇》

教之治性，犹药之治病。

教育能够陶冶情性，好比药能治病。

——晋·孙绰《孙子》

人受谏，则圣；木受绳，则直。

人能接受规劝，就显得圣明；木材弹了墨线，就能砍削得很直。

——春秋·子路　摘自《孔子家语》

敬教劝学，建国之大本；兴贤育才，为正之先务。

重视教育，兴办学校是立国的根本大计；举荐贤良，培育人才是政务的首要任务。

——明·朱之瑜《朱舜水集·劝兴》

人之性情，莫不由习。

人的性情，没有不是由习惯养成的。

——唐·张九龄《论教皇太子状》

古者圣贤所以教人为学之意，莫非讲明义理的，以修其身，然后推己及人，非徒欲其务记览为辞章，以钓声名取利禄而已。

古代圣贤教人治学的本意，没有一个不是讲明义理，用以修身，然后从自己推到别人，不只是想一定要记诵阅览文章，以诱取声名利禄。

——宋·朱熹《白鹿洞书院教条》

学至于乐，则自不已，故进也。

学习如果达到有乐趣的境地，自己就不会停止，因此学业就会有长进。

——宋·张载《经学理窟》

今之社学，止以句读简束童子，固失鼓舞之意矣。若误认阳明之意，纯用鼓舞，又岂古人之意乎？立教者当知所以善其施矣。

现在的社学，只用断句的书简来教育孩子，固然失去了鼓舞的意义。假如错误地理解王阳明的意思，纯用鼓舞，又哪是古人的意图？施教的人应当知道善于施教的意义。

——明·陆世仪《思辨录辑要》

剑虽利，不厉不断；材虽美，不学不高。

剑虽锐利，但不磨就不能砍断东西；天赋虽好，但不学习就不能提高。

——汉·韩婴《韩诗外传》

耳有所闻，不学而不如聋；目有所见，不学而不如盲。

耳朵能听，如果不学习，还比不上聋子；眼睛能见，如果不学习，还不如盲人。

——唐·马总《意林》

理论之知识乃人人天性上所要求者，实际之知识则所以供社会之要求，而维持一生之生活；故知识之教育，实必不可缺者也。

理论知识是人人本性所需求的，实用知识则是为了提供社会需求的，而且是维持人一辈子生计的；所以知识的教育，实用知识是必不可缺少的。

——清·王国维《论教育之宗旨》

子以四教：文、行、忠、信。

孔子用四种内容教育学生：历史文献，社会生活实践，对待别人的忠心，与人交往的诚信。

——春秋·孔丘《论语》

后生学问聪明强记不足畏，惟思索寻究者为可畏耳。

青年人做学问天资聪明，记忆力强不值得敬畏，只有善于思索探究的人是可敬畏的。

——宋·朱熹《读书法》

师其意不师其辞。

要学习领会他的精神主旨，不要学习死记他所说的话语。

——唐·韩愈《答刘正夫书》

赠人玫瑰，手留余香。

赠送给人一朵玫瑰鲜花，手上也会留下玫瑰的花香。

——佚名·古谚语

君子之学，死而后已。

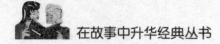

君子治学，到死才能停止。

——明·顾炎武《与人书六》

然圣人之言，期以明道，学者务求诸道而遗其辞。辞之传于世者，必由于书；道假辞而明，辞假书而传，要之之道而已耳，道之及，及乎物而已耳，斯取道之内者也。今世因贵辞而矜（尚）书，粉泽以为工，遒密以为能，不亦外乎？

然而圣人的教诲，是期望彰明道义，学者务必探求道义而留下体会文章。文章流传于世，必定要著书；道义借文章彰显，文章借书籍流传，关键是获得道义罢了。道义的获得，在实物罢了，这是采取方法在内容方面的了。现在世上的人因为看重文辞而崇尚著书，设采润色以为精巧，道劲致密以为能事，这取法不也是在外表上吗？

——唐·柳宗元《柳河东集》

凡子弟学写仿书，不独教他字好，即可兼识字及记诵之功。

凡是学生描摹毛笔字，不要只为教他字要写好，还能兼顾识字以及记忆背诵的功夫。

——明·陆世仪《思辨录辑要》

不学自知，不问自晓，古今行事未之有也……故智能之士，不学不成，不问不知。

不学习自己就知道，不问自己就明白，从古至今没有过这样的事……因此有才智的人物，不学不成，不问不知。

——汉·王充《论衡·实知篇》

凡文不关于《六经》之指、当世之务者，一切不为。

但凡文章不是在《六经》所指的范围之内，又与时势不相关的，这样的文章就不要去做。

——明·顾炎武《亭林文集》

滕宗谅知湖州，聘为教授……立经义、治事二斋。经义，则选择其心性疏通、有器局、可任大事者，使之讲明"六经"。治事，则一人各治一事，又兼摄一事，如治民以安其生，讲武以御其寇，堰水以利田，算历以明数是也。

滕宗谅任职湖州，被聘任为教授……设立经文解读、事务治理两斋。经文解读斋，选择那些心胸远大，聪慧灵通，有器量、能担任大事的，让他们讲解《六经》。事物治理斋，则让每人治理一件事情，再兼管一事，比如管理百姓，让他们安居乐业，讲解军备以御防外敌，兴修水利以发展农业，演算历书以明白节气等就是。

——宋·胡瑗《安定学案》

习闲成懒，习懒成病。

长期闲散就会养成懒惰的习惯，长期懒惰就会产生病痛。

——北齐·颜之推《颜氏家训》

人而无学，则不能烛理；不以烛理，则固执而不通。

人不学习，就不明白事理；不明白事理，就会固执而不知变通。

——宋·邵雍《观物外篇》

水性虽能流，不导则不通；人性虽能智达，不教则不达。

水的本性虽然能流动，但不疏导就不流通；人的本性虽然能聪慧，但不教育就不通达。

——唐·马总《意林·成败志》

滞者导之使达，蒙者开之使明。

思想迟滞的人诱导他使他通达，愚蒙不懂的人开导他使他明了。

——宋·欧阳修《夫子罕言利命仁论》

读经传则根底厚，看史鉴则议论伟，观云物则眼界宽，去嗜欲则胸怀净。

读经传则学问根底深厚，读史书则议论宏伟，观赏风景则眼界开阔，除去嗜欲则胸怀坦荡。

——清·金缨《格言联璧》

八股之害，等于焚书，而败坏人才，又甚于咸阳之郊所坑者但四百六十余人也。

八股文的祸害，等于焚烧书籍，而败坏人才，又甚于在咸阳郊区活埋四百六十多个读书人。

——明·顾炎武《日知录》

学者研理于经，可以正天下之是非；征事于史，可以明古今之成败。

学者研究经典，可以勘正天下的是非；征引史实，可以明白古今成败之由。

——清·纪昀《四部总叙》

今人皆知砺其剑，而弗知砺其身。夫学，身之砺砥也。

现在人们只知磨剑，不知修身。学习是自我修养的磨石。

——战国·尸佼《尸子·劝学》

《大学》言心不言性，《中庸》言性不言心，来教单提心字而未竟其说。

窃以为圣人之道，下学上达之方，其行在孝弟忠信；其识在洒扫应对进退；其文在《诗》、《书》、《三礼》、《周易》、《春秋》；其用之身在出处、辞受、取与；其施之天下在政令、教化、刑法；其所著之书，皆以为拨乱反正、移风易俗、以驯致乎治平之用，而无益者不谈……其于世儒尽性至命之说，必归之有物有则、五行五事之常，而不入于空虚之论，仆之所以为学者如此。

《大学》谈心理而不谈性命，《中庸》谈性命而不谈心理。教学只提心理，可是没有把它讲透彻。我认为圣人的道理，学习和教学的方法，他们的实践在孝、悌、忠、信；他们的认识在洒水、扫地、应答、进退；他们读的文章在《诗》、《书》、《三礼》、《周易》、《春秋》；他们自身享用表现在做事与居住，辞让和接受，收取和施与；他们布施于天下表现在政令、教化、刑法；他们著作的书，都为了拨乱反正、移风易俗、以教育百姓去治理国家平定天下发挥作用，可是对社会无益的不谈……他们对儒家学派所有的性与命的学说，必定归结到有实物有道理、五行五事的普通事物，而不流于空虚的议论，我之所以求学的原因就是如此。

——明·顾炎武《亭林文集》

我劝天公重抖擞，不拘一格降人才。

我劝天公重新振作起来，不要拘于一定规格，把立志革新的人才降临到人间。

——清·龚自珍《乙亥杂诗》

上智不教而成，下愚虽教无益，中庸之人，不教不知也。

上等智者不经教示而有所成，下等愚者虽受教示而无益，平常的人则是不经教示就不知晓什么。

——北齐·颜之推《颜氏家训》

非识无以断其义，非才无以善其文，非学无以练其事。

没有知识不能判断义理，没有才华就写不好文章，没有学问就不能熟练地处理事务。

——清·章学诚《文史通义·史德》

夫圣人之书，所以设教，但明练经文，粗通注义，常使言行有得，亦足为人。何必仲尼居，即须两纸疏义，燕寝讲堂，亦复何在？以此得胜，宁有益乎！光阴可惜，譬诸逝水，当博览机要，以济功业，必能兼美，吾无间焉。

圣贤的书籍，是用来教育人的。只要能熟读经文，粗通注文的意思，经常使自己的言行有帮助，也就能立身做人了。何必对"仲尼居"这三字，就用两张纸来解释呢，闲居也好，讲堂也罢，现今还存在吗？在这问题上争输赢，有何好处呢！光阴宝贵，像逝水难回，我们应当博览群书，领会其精义要旨，以成就功业。假如能做到博览和专注并重，我就挑不出毛病来了。

————北齐·颜之推《颜氏家训》

大凡人，无才则心思不出，无胆则笔墨萎缩，无识则不能取舍，无力则不能自成一家。

一般作者，没才气则思想难以表达，无胆略则文词不会通畅，没见识就不能存真去伪，无能力就不能自成一家。

————清·叶燮《原诗》

性恶之人，亦不禀天善性，得圣人之教，志行变化。

性恶的人也不是领受天赋的善性，必得到德行极高者的教化，其志向品行才会有变化。

————汉·王充《论衡·率性》

古之学者，虽问以口，而其传以心；虽听以耳，而其受以意。故为师者不烦，而学者有得也……以谓问之不切，则其听之不专；思之不深，则其取之不固。不专不固，而可以入者，口耳而已矣。吾所以教者，非将善其口耳也。

古时求学的人，虽然是用口请教，老师却是用心传授；虽然是用耳聆听，老师却是用心去教育。所以做老师的不厌烦，当学生的也有收获……要说老师所问的不切题，那么学生就听得不专一；思考就不深入，那么他们的收获就不牢固。既不专一，又不牢固，可是所得到的东西，不过于口耳罢了。我教书的目的，不是要他们的口耳熟练。

————宋·王安石《临川先生文集》

学者患心虑纷乱，不能宁静，此则天下公病。学者只要立个心，此上头尽有商量。

学习的人最怕心思混乱，不能宁静，这是大家学习所犯的普遍毛病。学习的人只要下决心，专心沉稳，学业上就会有长进的可能。

————宋·程颐《二程语录》

凡人之性成于习。圣人教以率之，法以治之，天下古今之风以善为归，以恶为禁久矣。

人品性的形成来自于习惯。圣人教诲、带领、引导他们，以法律管理制治他们。天下自古到今的风气因为善良而归附，因为把邪恶禁止长久了。

199

——明·王廷相《答薛君采论性书》

中人以上，可以语上也；中人以下，不可以语上也。

中等水平以上的人，可以告诉他高深学问；中等水平以下的人，不可以告诉他高深学问。

——春秋·孔丘《论语·雍也》

故人有好学不倦而迷其道、挠其志者，明之不至耳；有照物无遗而荡其性、脱其守者，志之不至耳……然则圣贤之异愚也，职此而已。使仲尼之志之明，可得而夺，则庸夫矣；授之于庸夫，则仲尼矣……故圣人曰：敏以求之，明之谓也；为之不厌，志之谓也。

所以有好学不倦而方法上迷惑、志向上被阻的人，是心不明白；有事物清楚可是心性游荡、操守放脱的人，是志气不到……圣贤不同于愚人，就在此罢了。即使有孔子求学的志向和睿智，能够得到而又失去了，就是庸人了；将它传授给庸人，就是孔子了……所以圣人说：勤敏地探求学问，说的就是明智；不倦地探求学问，说的就是志向。

——唐·柳宗元《柳河东集》

上智不肯为非，下愚戒之无益，故中人之性可上可下。

上等智者不肯为非理之事，下等愚者对其禁止也无益处，所以只有中间一类的人可向上或向下转化。

——唐·孔颖达《尚书正义》

中人之性，在所习焉。习善而为善，习恶而为恶也。

中间一类人的品性，取决于他所修习的是什么。研修善良的就趋向善良，学习邪恶的就趋向邪恶。

——汉·王充《论衡·本性》